Ma sœur vit
sur la cheminée

Annabel Pitcher

Ma sœur vit sur la cheminée

roman

Traduit de l'anglais
par Amélie de Maupeou

PLON
JEUNESSE

Titre original
My Sister Lives on the Mantelpiece

ISBN édition originale : 978-1-4440-0183-9
Orion Children's Books, a division of the Orion Publishing
Group Ltd, London, an Hachette UK Company

ISBN Plon : 978-2-259-21268-7
www.plon.fr

Pour maman et papa, grâce auxquels je suis ici.

1

Ma sœur Rose vit sur notre cheminée. Enfin, juste en partie. Trois de ses doigts, son coude droit et sa rotule ont été enterrés dans un cimetière, à Londres. Maman et papa ont eu une grosse dispute après que la police a retrouvé dix morceaux de son corps. Maman voulait une tombe sur laquelle elle pourrait se rendre, papa voulait une crémation et répandre les cendres dans la mer. En tout cas, c'est ce que Jasmine m'a dit. Elle se souvient mieux que moi. Je n'avais que cinq ans quand c'est arrivé. Jasmine avait dix ans, elle était la jumelle de Rose. Elle l'est toujours d'après maman, qui a mis des lustres à accepter que Jasmine change quelque chose à ses cheveux ou à son style vestimentaire. Ils ont habillé Jas de la même manière pendant des années, après l'enterrement – des robes à fleurs, des gilets et ces chaussures plates à boucle que Rose adorait. Je suppose que c'est pour cette raison que maman est partie avec cet homme du groupe de soutien, il y a soixante et onze jours. À son quinzième anniversaire, Jas a coupé tous ses cheveux, elle les a teints en rose et elle s'est fait faire un piercing dans le nez. Elle ne ressemblait plus du tout à Rose et ça, les parents n'ont pas pu le supporter. Maman est partie le jour même et je n'ai plus eu de nouvelles depuis.

Ils ont eu chacun cinq morceaux. Maman a mis les siens dans un cercueil très chic, sous une pierre tombale blanche très chic sur laquelle est écrit *Mon ange.* Papa a brûlé la clavicule, les deux côtes, un bout de crâne et un petit orteil et il a mis les cendres dans une urne dorée. Chacun a donc eu ce qu'il voulait mais – surprise, surprise ! – ça ne les a pas rendus heureux. Maman dit que c'est trop déprimant d'aller au cimetière et papa essaie de répandre les cendres de Rose à chaque date anniversaire de sa mort, mais il change toujours d'avis à la dernière minute. C'est comme s'il se passait quelque chose au moment précis où il s'apprête à disperser Rose dans la mer. L'année où nous sommes allés dans le Devon, il y avait tous ces poissons argentés qui grouillaient, comme s'ils étaient impatients de manger ma sœur. Une autre fois, en Cornouailles, une mouette a lâché du guano sur l'urne pile au moment où papa allait l'ouvrir. J'ai commencé à rigoler mais Jas avait l'air triste, alors j'ai arrêté.

Nous avons quitté Londres pour prendre du recul par rapport à tout ça. Papa connaissait quelqu'un qui connaissait quelqu'un qui l'a appelé au sujet d'un travail dans la région des lacs. Cela faisait des années qu'il ne travaillait plus, à Londres. Nous sommes en récession, ce qui veut dire que le pays n'a plus d'argent, alors on ne construit presque plus rien. Quand il a obtenu cet emploi à Ambleside, on a vendu notre appartement, loué un cottage et laissé maman à Londres. J'ai parié cinq euros avec Jas que maman viendrait nous dire au revoir. J'ai perdu, mais Jas ne m'a jamais réclamé l'argent. Dans la voiture, Jas a dit *On joue aux espions*, mais elle n'a même pas été capable de deviner *Quelque chose qui commence avec un R* alors que Roger était assis sur mes genoux en train de ronronner comme pour lui donner un indice.

Tout est vraiment différent, ici. Il y a des montagnes tellement immenses qu'elles doivent chatouiller les fesses de Dieu et puis des centaines d'arbres. C'est très calme. Quand on a fini par dénicher le cottage, au bout d'une allée tortueuse, et que j'ai regardé par la fenêtre pour voir s'il y avait quelqu'un avec qui je pourrais jouer, j'ai dit *Il n'y a personne.* Papa m'a corrigé : *Il n'y a pas de musulmans,* et il a souri pour la première fois de la journée. Jas et moi, on ne souriait pas en sortant de la voiture.

Le cottage est exactement l'opposé de notre appartement de Finsbury Park. Il est blanc et pas brun, grand et pas petit, vieux et pas neuf. Ma matière préférée à l'école c'est arts plastiques, et si je devais dessiner les maisons comme si c'étaient des personnes, alors la nôtre serait une vieille grand-mère un peu dingo qui sourirait de sa bouche édentée. L'appartement serait un soldat sérieux, tiré à quatre épingles et coincé au milieu d'une rangée d'hommes identiques. Maman aurait adoré. Elle est prof dans une école d'art et je parie qu'elle montrerait mes dessins à chacun de ses élèves, si je les lui envoyais.

Même si maman restait à Londres, j'étais content de quitter l'appartement. Là-bas, ma chambre était toute petite mais je n'ai jamais eu le droit d'échanger avec Rose parce que Rose est morte et que ses affaires sont sacrées. C'est ce qu'on m'a répondu chaque fois que j'ai demandé à changer de chambre. *La chambre de Rose est sacrée, James. N'y entre pas, James. Elle est sacrée.* Je ne vois pas ce qu'il y a de sacré dans un tas de vieilles poupées, une couette rose qui sent mauvais et un ours en peluche chauve. Je n'ai rien ressenti de particulièrement sacré quand je me suis amusé à sauter sur le lit de Rose, un jour, en rentrant de l'école. Jas m'a demandé d'arrêter mais elle m'a promis de ne rien dire.

Une fois sortis de la voiture, on est restés debout là, à regarder notre nouvelle maison. Le soleil se couchait, les montagnes étaient rougeoyantes, et je voyais notre reflet dans une des fenêtres du cottage – papa, Jas et moi qui tenais Roger. Pendant une milliseconde, j'ai ressenti de l'espoir, comme si c'était vraiment le Grand Nouveau Départ et que tout allait bien se passer à partir de maintenant. Papa a attrapé une valise, il a sorti la clé de sa poche et il a remonté l'allée jusqu'à la maison. Jas m'a fait un sourire, elle a caressé Roger et elle l'a suivi. J'ai déposé le chat. Il a tout de suite rampé sous un buisson, sa queue toute raide pendant qu'il farfouillait dans les feuilles. Arrivée à la porte d'entrée, Jas s'est retournée et a crié *Viens.* Elle m'a tendu la main et je l'ai rejointe. On est entrés ensemble dans la maison.

*

Jas l'a vue en premier. J'ai senti son bras se raidir et elle a dit *Est-ce que tu veux une tasse de thé* d'une voix trop aiguë. Ses yeux étaient fixés sur quelque chose, dans la main de papa. Il était accroupi par terre, dans le salon, au milieu de vêtements éparpillés, comme s'il avait vidé sa valise à la hâte. Jas a essayé de faire comme si tout était normal, elle a demandé *Où est la bouilloire,* mais papa n'a pas levé les yeux de l'urne. Il a craché dessus et il a commencé à en polir l'or avec un bout de sa manche, jusqu'à ce qu'elle brille. Puis il a posé ma sœur sur la cheminée, qui était beige et poussiéreuse comme celle de l'appartement de Londres, et il a murmuré *Bienvenue dans ta nouvelle maison, mon cœur.*

Jas a choisi la plus grande chambre. Il y a une vieille cheminée dans un coin et une armoire encastrée qu'elle a remplie de tous ses nouveaux vêtements noirs. Elle a accroché des carillons aux poutres du plafond, ils tintent quand on souffle dessus. Je préfère ma chambre. La fenêtre donne sur le jardin derrière la maison, avec son pommier qui grince, et il y a un rebord de fenêtre vraiment large sur lequel Jas a posé un coussin. La première nuit, on est restés assis là des heures à regarder les étoiles. Je ne les voyais jamais, à Londres. Les éclairages des immeubles et des voitures étaient trop lumineux pour qu'on puisse voir le ciel. Ici, les étoiles sont vraiment brillantes et Jas m'a tout expliqué sur les constellations. Elle s'intéresse aux horoscopes et lit le sien tous les matins sur Internet. Comme ça, elle sait exactement ce qui l'attend pendant la journée. Un jour, à Londres, je lui ai demandé *Est-ce que ça ne gâche pas la surprise.* Elle avait fait semblant d'être malade parce que son horoscope avait parlé d'un événement inattendu. Elle m'a répondu *C'est justement pour ça que je le regarde* avant de retourner dans son lit et de disparaître sous les couvertures.

*

Jas est Gémeaux, le symbole des jumeaux, ce qui est vraiment bizarre car elle n'est plus jumelle, maintenant. Moi, je suis Lion. Jas s'est agenouillée sur le coussin et elle m'a montré la constellation par la fenêtre. Ça ne ressemblait pas vraiment à un animal, mais Jas m'a conseillé de penser au lion d'argent au-dessus de ma tête chaque fois que je suis triste, et que tout irait mieux. J'ai eu envie de lui demander pourquoi elle disait des trucs pareils alors que papa nous avait promis un Grand Nouveau Départ, mais tout d'un coup j'ai pensé à l'urne sur la cheminée et j'ai eu trop peur de la réponse. Le lendemain matin, j'ai trouvé une bouteille de vodka vide dans la poubelle et j'ai su que la vie dans la région des lacs serait exactement la même que la vie à Londres.

Ça, c'était il y a deux semaines. Après l'urne, papa a déballé le vieil album photo et quelques vêtements. Les déménageurs se sont occupés des gros trucs comme les lits et le canapé, et Jas et moi on a fait tout le reste. Les seuls cartons que nous n'ayons pas déballés sont les grands qui portent l'inscription SACRÉ. Ceux-là, on les a mis dans la cave et on les a recouverts de sacs en plastique au cas où il y aurait une inondation ou quelque chose comme ça. Jas avait les yeux tout humides et barbouillés quand on a refermé la porte de la cave. Elle a dit *Ça ne te fait rien* et j'ai dit *Non* et elle a dit *Pourquoi* et j'ai dit *Parce que Rose est morte.* Le visage de Jas s'est tordu, elle a murmuré *Ne prononce pas ce mot.*

Je ne vois pas pourquoi. Morte. Morte. Morte morte morte. Maman dit *décédée.* La phrase de papa, c'est *Partie pour un monde meilleur.* Il ne va jamais à l'église, alors je ne vois pas très bien pourquoi il dit ça. À moins que ce monde meilleur dont il parle ne soit pas le paradis, mais l'intérieur d'un cercueil ou d'une urne dorée.

*

Ma thérapeute à Londres disait que j'étais *En état de déni, encore sous le choc.* Elle a dit *Un jour tu réaliseras et alors tu pleureras.* Apparemment, je n'ai pas réalisé depuis le 9 septembre d'il y a presque cinq ans, la date où ça s'est passé. L'année dernière, maman et papa m'ont envoyé chez cette grosse dame parce qu'ils trouvaient étrange que je ne pleure pas Rose. J'ai eu envie de leur demander s'ils pleureraient quelqu'un dont ils ne se souvenaient pas, mais j'ai tenu ma langue.

Voilà ce que personne ne semble comprendre : je ne me souviens pas de Rose. Pas vraiment. Je me souviens de deux filles qui jouaient à sauter dans les vagues, pendant les vacances, mais je ne sais plus où nous étions ni ce que Rose a dit ou si elle a apprécié le jeu. Je sais aussi que mes sœurs ont été demoiselles d'honneur au mariage d'une voisine, mais la seule chose que je me rappelle vraiment, c'est le tube de Smarties que maman m'a donné pendant la messe. Je préférais déjà les rouges à cette époque et je les ai gardés dans ma main jusqu'à ce que ma peau soit toute rose. Mais je ne me souviens pas de ce que Rose portait ni de quoi elle avait l'air quand elle a remonté l'allée centrale, ni rien de tout ça. Après l'enterrement, quand j'ai demandé à Jas où était Rose, elle m'a désigné l'urne, sur la cheminée. J'ai dit *Comment une fille peut-elle entrer dans quelque chose d'aussi petit*, ce qui a fait pleurer Jas. En tout cas, c'est ce qu'elle m'a raconté. Je ne m'en souviens plus très bien.

Un jour, comme devoir à la maison, la maîtresse nous a demandé de décrire quelqu'un de spécial. J'ai passé quinze minutes à remplir une page entière sur Wayne Rooney[1]. Maman m'a forcé à l'arracher et à écrire quelque chose sur Rose, à la place. Comme je ne trouvais rien à raconter, maman s'est assise en face de moi, elle avait le visage tout rouge et humide. Elle

1. Footballeur anglais qui joue pour l'équipe de Manchester United. (Toutes les notes sont de la traductrice.)

m'a dicté ce qu'il fallait que j'écrive. Elle a fait son sourire plein de larmes et elle a dit *Quand tu es né, Rose a montré ton zizi et elle a demandé si c'était un ver* et j'ai dit *Je ne vais pas noter ça dans mon cahier d'anglais.* Le sourire de maman a disparu, il n'y avait plus que ces larmes qui gouttaient de son nez sur son menton, je me suis senti mal alors j'ai écrit l'histoire. Quelques jours plus tard, la maîtresse a lu mon devoir devant toute la classe. Elle m'a donné une étoile en or et tous les autres se sont moqués de moi. Ils m'ont baptisé Zizi d'asticot.

2

Demain c'est mon anniversaire, et une semaine après je commence dans ma nouvelle école, l'école primaire Ambleside de l'Église d'Angleterre. Elle se trouve à un peu moins de cinq kilomètres du cottage, donc papa va devoir nous y conduire. Ce n'est pas comme à Londres, ici. Il n'y a pas de bus ou de trains pour le cas où papa serait trop ivre pour sortir. Jas dit qu'elle m'accompagnera à pied si personne ne peut nous emmener, parce que son école est encore un kilomètre au-delà de la mienne. Elle a dit *Au moins on maigrira*, mais moi j'ai regardé mes bras et j'ai dit *Maigrir, c'est pas bon pour les garçons.* Jas n'a aucun besoin de perdre du poids mais elle mange comme une souris et elle passe des heures à lire le dos des emballages pour vérifier le nombre de calories. Aujourd'hui, elle a fait un gâteau pour mon anniversaire et elle a dit que c'était un gâteau sain, avec de la margarine à la place du beurre et presque pas de sucre, alors je suppose qu'il aura un goût marrant. Mais il a quand même l'air bon. On va le manger demain et je vais avoir le droit de couper les parts parce que je suis le roi de la journée.

J'ai vérifié le courrier, tout à l'heure, et il n'y avait rien d'autre qu'un menu de *La Maison du curry* que j'ai caché pour que papa ne s'énerve pas. Pas de cadeau d'anniversaire de maman. Pas de carte. Mais il reste encore demain, après tout. Elle n'oubliera pas. Avant que nous quittions Londres, j'ai acheté une carte *Nous changeons de domicile* et je l'ai envoyée à maman. Je n'ai rien écrit d'autre que l'adresse du cottage et mon nom. Je ne savais pas quoi mettre d'autre. Elle habite à Hampstead avec cet homme du groupe de soutien. Son nom est Nigel et je l'ai rencontré à un de ces trucs de commémoration organisés dans le centre de Londres. Une longue barbe en désordre. Un nez de traviole. Il fumait une pipe. Il écrit des livres sur d'autres gens qui ont écrit des livres, ce qui d'après moi est vraiment sans intérêt. Sa femme aussi est morte le 9 septembre. Peut-être que maman va se marier avec lui. Peut-être qu'ils auront un bébé et qu'ils l'appelleront Rose et alors ils m'oublieront complètement, tout comme Jas et la première femme de Nigel. Je me demande s'il a trouvé des morceaux d'elle. Peut-être qu'il y a aussi une urne sur sa cheminée, et peut-être qu'il lui achète des fleurs le jour de leur anniversaire de mariage. Maman détesterait ça.

Roger vient d'entrer dans ma chambre. Il aime se lover sur le coussin posé sur le rebord de la fenêtre, la nuit, parce que c'est juste à côté du radiateur et qu'il y fait bien chaud. Roger adore notre nouvelle maison. À Londres, il était toujours enfermé dans l'appartement à cause de la circulation. Ici, il peut vadrouiller tranquillement et il y a plein d'animaux à chasser dans le jardin. Le troisième matin, j'ai trouvé quelque chose de petit et de gris et de mort sur le pas de la porte. Je crois que c'était une souris. Je ne voulais pas la ramasser avec mes doigts alors j'ai pris un bout de papier, je l'ai poussée dessus avec un bâton et je l'ai jetée à la poubelle. Mais après j'ai eu mauvaise conscience alors j'ai ressorti la souris de la poubelle et je l'ai déposée en dessous de la haie et je l'ai recouverte d'herbe. Roger miaulait comme s'il ne pouvait pas croire ce que j'étais en train de faire après toute la peine qu'il s'était donnée. Je lui ai expliqué que les choses mortes me rendaient malade et il a frotté son corps orange sur mon tibia droit, comme s'il comprenait. C'est vrai. Les corps morts me font flipper. Ça peut sembler horrible de dire ça, mais puisque Rose devait mourir, je suis content qu'on l'ait retrouvée en petits morceaux. Ce serait bien pire si elle était sous la terre, raide et froide, identique à la petite fille qu'on voit sur les photos.

Je suppose que ma famille était heureuse, avant. Les photos montrent des tas de grands sourires et de petits yeux tout plissés, comme quand quelqu'un vient de faire une blague vraiment bonne. À Londres, papa passait des heures à regarder ces photos. On en avait des centaines, toutes prises avant le 9 septembre, qu'on gardait en vrac dans cinq boîtes différentes. Quatre ans après la mort de Rose, il a décidé de les classer, les anciennes au fond et les plus récentes tout devant. Il a acheté dix de ces albums photo super chic en vrai cuir avec une inscription dorée, et pendant des mois entiers il a passé toutes ses soirées à ne parler à personne, juste à boire, boire, boire, et à coller toutes les photos au bon endroit. Le problème, c'est que plus il buvait, moins il arrivait à coller droit, alors le lendemain il devait recoller la moitié d'entre elles. C'est sans doute à ce moment-là que maman a commencé à avoir Cette aventure. C'est un mot que j'avais entendu dans *Eastenders*[1], mais jamais je n'aurais imaginé l'entendre un jour dans la bouche de papa. Ça m'a fait un choc. Je n'avais pas deviné, même quand maman a commencé à aller à son groupe de soutien deux fois par semaine, puis trois fois par semaine, puis plus ou moins dès qu'elle avait une minute de libre.

Parfois, quand je me réveille, j'oublie qu'elle est partie et ensuite je m'en souviens et mon cœur tombe comme quand on rate une marche ou qu'on trébuche sur le trottoir. Tout me revient d'un coup et je me rappelle trop clairement ce qui s'est passé le jour de l'anniversaire de Jas, comme si mon cerveau était une de ces télévisions haute définition dont maman a dit que c'était du gaspillage quand j'en ai demandé une à Noël, l'année dernière.

Jas est arrivée avec une heure de retard à sa propre fête d'anniversaire. Papa et maman étaient en train de se disputer. Quand je suis entré dans la cuisine, papa était en train de dire *Christine m'a dit que tu n'étais pas avec elle. Je l'ai appelée pour vérifier.* Maman s'est affalée sur une chaise juste à côté des sandwichs et je me suis dit qu'elle était maligne parce qu'elle serait la première à choisir celui qu'elle voulait. Il y en avait au bœuf et d'autres au poulet, et aussi des jaunes dont j'espérais qu'ils étaient au fromage et non pas aux œufs-mayonnaise. Maman portait un chapeau pointu mais sa bouche ne riait pas, elle ressemblait à ces clowns tristes qu'on voit au cirque. Papa a ouvert le frigo, il a pris une bière et il a fait claquer la porte. Il y avait déjà quatre cannettes vides sur la table de la cuisine. Il a dit *Alors où étais-tu, bon Dieu.* Maman a ouvert la bouche pour parler, mais là, mon estomac s'est mis à grogner très fort. Maman a fait un bond et ils se sont

1. Feuilleton télévisé britannique.

tous les deux tournés vers moi. J'ai demandé *Est-ce que je peux avoir un friand.*

Papa a grogné en attrapant une assiette. Même s'il était en colère, il a soigneusement coupé une part de gâteau et l'a entourée de friands, de sandwichs et de chips. Il a préparé un verre de Ribena en en mettant beaucoup, exactement comme j'aime. Quand il a eu fini, j'ai tendu les mains mais il est passé à côté de moi et s'est dirigé droit vers la cheminée, dans le salon. Ça m'a énervé. Tout le monde sait que les sœurs mortes n'ont pas faim. Au moment où je commençais à croire que mon estomac allait me manger tout cru, la porte d'entrée s'est ouverte à la volée. Papa a crié *Tu es en retard* mais maman a poussé un cri étouffé. Jas souriait nerveusement, son nez étincelait à cause du diamant qui était planté dedans et ses cheveux étaient plus roses que du chewing-gum. Je lui ai rendu son sourire mais là BOUM il y a eu une explosion, papa avait laissé tomber l'assiette et maman a chuchoté *Mais qu'est-ce que tu as fait.*

Jas est devenue toute rouge. Papa a crié quelque chose à propos de Rose et il a montré l'urne du doigt en renversant du Ribena sur toute la moquette. Maman est restée silencieuse, le regard rivé sur le visage de Jas pendant que ses yeux s'emplissaient de larmes. J'ai vite fourré deux friands dans ma bouche et j'ai caché un beignet sous mon tee-shirt.

Eh bien, on dirait que c'est de famille, a dit papa pendant que son regard passait de Jas à maman. Son visage était tendu, d'une tristesse que je n'arrivais pas à comprendre. Après tout, ce n'était qu'une coupe de cheveux, et puis je ne voyais pas ce que maman avait fait de mal. Roger était en train de lécher le gâteau d'anniversaire, sur la moquette. Il a râlé quand papa l'a attrapé par la peau du cou et l'a jeté dehors, dans le couloir. Jas est sortie précipitamment de la pièce et a claqué la porte de sa chambre. J'ai réussi à avaler encore un sandwich et trois beignets pendant que papa nettoyait les saletés qu'il avait faites. Ses mains tremblaient tandis qu'il ramassait les restes du goûter d'anniversaire de Rose. Maman avait les yeux fixés sur le gâteau répandu par terre. Elle a marmonné *Tout est ma faute.* J'ai secoué la tête. J'ai dit *C'est lui qui l'a renversé, pas toi* en désignant du doigt la tache de Ribena.

Papa a jeté la nourriture dans la poubelle en faisant plein de vacarme et ensuite il a recommencé à crier. Ça me faisait mal aux oreilles alors je suis sorti de la cuisine en courant et j'ai rejoint Jas dans sa chambre. Elle était assise devant le miroir et trifouillait ses cheveux roses. Je lui ai donné le beignet qui était caché sous mon tee-shirt. J'ai dit *Ça te va super bien* et ça l'a fait pleurer. Les filles sont vraiment bizarres.

Maman a tout avoué après la fête d'anniversaire. Jas et moi, on était sur son lit et on écoutait. Pas besoin de tendre l'oreille. Maman pleurait. Papa criait. Jas pleurait de toutes ses forces mais moi, mes yeux sont restés secs. Papa n'arrêtait pas de répéter le mot AVENTURE, sans arrêt, comme s'il pensait qu'en le criant souvent il finirait par le noyer. Maman a dit *Tu ne comprends pas* et papa a dit *Je suppose que Nigel, lui, il comprend,* et maman a dit *Mieux que toi. On parle. Il écoute. Il me rend* – mais papa l'a interrompue en poussant un juron.

Ça a duré une éternité. J'avais des fourmis dans mon pied gauche. Papa a posé des centaines de questions. Maman a sangloté encore plus fort. Il l'a appelée *Traître* et *Menteuse* et il a dit *Ça, c'est vraiment la cerise sur ce satané gâteau,* ce qui m'a donné envie d'un autre beignet. Maman a essayé de se défendre, mais papa a crié encore plus fort. Il a rugi *Est-ce que tu n'as pas fait suffisamment de mal à cette famille.* Tout d'un coup, les pleurs ont cessé. Maman a dit quelque chose que je n'ai pas entendu. Papa a dit *Quoi. Qu'est-ce que tu as dit.*

Il y a eu des bruits de pas dans le couloir, puis de nouveau la voix de maman, calme, juste devant la porte de la chambre de Jas. Elle a répété *Je n'en peux plus* comme si elle avait mille ans. Jas a saisi ma main. *Je crois qu'il vaut mieux que je m'en aille.* Mes doigts m'ont fait mal tellement Jas les écrasait. Papa a demandé *Mieux pour qui.* Maman a répondu *Mieux pour tout le monde.*

Là, c'est papa qui s'est mis à pleurer. Il a supplié maman de rester. Il s'est excusé. Il s'est mis en travers de la porte d'entrée mais maman a dit *Laisse-moi passer.* Papa lui a demandé une dernière chance. Il a promis de faire de son mieux, de se débarrasser des photos, de trouver du travail. Il a dit *J'ai perdu Rose, je ne veux pas te perdre, toi aussi,* mais maman est sortie dans la rue. Papa s'est mis à crier *Mais nous avons besoin de toi* et maman à hurler *Pas autant que j'ai besoin de Nigel.* Et elle est partie. Papa a frappé un grand coup dans le mur et il s'est cassé le doigt, il a dû porter un bandage pendant quatre semaines et trois jours.

3

Le courrier n'est toujours pas arrivé. Il est dix heures et treize minutes, et cela fait cent quatre-vingt-dix-sept minutes que j'ai un âge à deux chiffres. Il y a une seconde, j'ai entendu quelque chose à la porte mais ce n'était que le laitier. À Londres, on devait aller chercher le lait nous-mêmes. On en manquait toujours, parce que papa refusait d'aller à l'épicerie du coin tenue par des musulmans et que le supermarché était à quinze minutes en voiture. Je me suis habitué à manger mes céréales sèches, mais maman râlait quand elle ne pouvait pas mettre de lait dans son thé.

Jusqu'à maintenant, mes cadeaux n'ont pas été terribles. Papa m'a offert des chaussures de foot qui font une pointure et demie de moins que la mienne. Je les porte en ce moment et j'ai l'impression de m'être pris les orteils dans un piège à souris. Quand je les ai enfilées, je l'ai vu sourire pour la première fois depuis des siècles. Je n'ai pas voulu dire qu'il m'en fallait de plus grandes parce qu'il a sans doute balancé le ticket de caisse, alors j'ai fait comme si elles m'allaient. De toute manière, on ne me propose jamais de faire partie d'une équipe de foot, alors je n'aurai pas à les porter très souvent. Dans mon école de Londres, j'essayais tous les ans mais on ne m'a jamais sélectionné. Il y a quand même eu ce match où le gardien de but était malade, alors M. Jackson m'a demandé si je voulais le remplacer. J'ai demandé à papa de venir et il a caressé ma tête comme s'il était fier de moi. On a perdu treize à zéro, mais seulement six des buts étaient ma faute. Quand le match a commencé, j'étais dans tous mes états parce que papa n'était pas là, mais à la fin du match j'étais soulagé qu'il ne soit pas venu.

Rose m'a offert un livre. Comme toujours, son cadeau était posé à côté de l'urne quand je suis entré dans le salon. Tout d'un coup j'ai eu envie de rire, je me suis imaginé des bras, des jambes et une tête pousser sur l'urne et je l'ai vue se rendre à la librairie pour choisir un cadeau. Mais papa me regardait de son air sérieux alors j'ai juste enlevé le papier cadeau et j'ai essayé de ne pas avoir l'air déçu quand j'ai vu que je l'avais déjà lu. Je lis beaucoup. À Londres, j'avais pris l'habitude d'aller à la bibliothèque de l'école pendant la pause-déjeuner. Le bibliothécaire m'avait dit *Les livres sont de meilleurs amis que les humains.* Je ne crois pas que ce soit vrai. Luke Branston a été mon ami pendant quatre jours, après s'être brouillé avec Dillon Sykes qui avait cassé sa règle de l'Arsenal. Il s'asseyait à côté de moi dans le réfectoire et on jouait à Top Trumps dans la cour. Personne ne m'a appelé Zizi d'asticot pendant presque une semaine entière.

Jas m'attend en bas. Dans une seconde, on va au parc jouer au foot. Elle a proposé à papa *Viens voir Jamie essayer ses nouvelles chaussures,* mais il a grogné et allumé la télé. Il avait sa tête des jours de gueule de bois et ça n'a pas manqué, quand j'ai vérifié j'ai trouvé une autre bouteille de vodka vide dans la poubelle. Jasmine a chuchoté *De toute manière on n'a pas besoin de lui* et ensuite elle a crié *Viens, on va jouer* comme si c'était le truc le plus excitant de la planète.

En bas des escaliers, Jas m'a appelé pour savoir si j'étais prêt. J'ai crié *Presque*, mais je n'ai pas bougé du rebord de la fenêtre. Je veux attendre le courrier. D'habitude, il arrive entre dix et onze heures. Je ne crois pas que maman va oublier. J'ai l'impression que les anniversaires de la famille sont inscrits dans mon cerveau avec ces marqueurs à encre indélébile que les profs utilisent parfois par erreur pour écrire sur les tableaux blancs. Mais peut-être que maman est différente maintenant qu'elle vit avec Nigel. Peut-être que Nigel a des enfants, lui aussi, et que maman se souvient de leurs anniversaires à la place des nôtres, maintenant.

Même si maman ne m'offre rien, je vais sûrement recevoir quelque chose de grand-mère. Elle vit en Écosse et c'est de là que vient papa, d'ailleurs. Grand-mère n'oublie jamais rien, même si elle a quatre-vingt-un ans. J'aimerais bien la voir plus souvent car elle est la seule personne dont papa ait peur et je parie qu'elle est la seule qui pourrait le faire arrêter de boire. Mais papa ne nous emmène jamais la voir et elle est trop vieille pour conduire, alors elle ne peut pas nous rendre visite. Je crois que je ressemble beaucoup à grand-mère. Elle a des cheveux roux et des taches de rousseur et j'ai les cheveux roux et des taches de rousseur, et puis c'est une dure à cuire, comme moi. Aux funérailles de Rose, elle était la seule de toute l'église à ne pas pleurer. En tout cas, c'est ce que Jas m'a dit.

Le parc est à un kilomètre et demi d'ici et nous avons presque couru pour y aller, je suis sûr que Jasmine essayait de brûler des calories. Parfois, quand on regarde la télé, elle agite ses jambes de haut en bas, sans raison, et tous les jours, en rentrant de l'école, elle fait cent mouvements d'abdos. Elle était marrante avec son grand manteau sombre et ses cheveux rose clair, à filer devant tout un tas de moutons qui nous regardaient passer en disant *Bêê.* Je n'arrêtais pas de guetter le facteur parce qu'il était presque onze heures et qu'il n'était toujours pas passé quand on a quitté le cottage.

À notre arrivée au parc, il y avait trois filles sur les balançoires. Elles nous ont dévisagés quand on est entrés. Leur regard brûlait comme de petites orties et j'ai senti mon visage devenir tout rouge tandis que je m'approchais de la barrière. Mais ça n'a pas eu l'air de déranger Jasmine. Elle a couru droit vers elles et s'est mise debout sur une des balançoires avec ses bottes noires vernies. Les filles l'ont regardée comme si elle était dingue, mais Jasmine s'est balancée très haut et très vite, souriant dans le ciel comme si rien au monde ne pouvait lui faire peur.

Le truc de Jas, c'est plutôt la musique, alors je l'ai battue facilement, sept à deux. Mon meilleur but a été une volée du pied gauche. Jasmine est sûre que je vais entrer dans l'équipe cette année, parce que mes chaussures sont magiques et qu'elles me donnent le talent de Wayne Rooney. Mes orteils picotaient comme si on leur avait jeté un sort et, pendant une seconde, j'ai cru qu'elle avait raison. Mais ensuite j'ai réalisé que ma circulation sanguine était coupée et que mes pieds étaient devenus bleus. Jas a dit *Est-ce que tes chaussures sont trop petites* et j'ai dit *Non, elles sont parfaites.*

Sur le chemin du retour, j'étais tout excité. Jas n'en finissait pas de me parler des prochains piercings qu'elle allait se faire faire, mais moi je ne pensais qu'à une chose : le paillasson de l'entrée du cottage. Dans ma tête, je voyais un colis trôner dessus. Un gros paquet avec une carte de foot attachée au papier cadeau lumineux. Nigel ne l'aurait pas signée mais maman aurait écrit un chouette mot à l'intérieur.

Dès que j'ai ouvert la porte d'entrée, j'ai compris que quelque chose ne tournait pas rond. Elle était trop facile à ouvrir. Je n'ai pas baissé les yeux tout de suite, j'ai d'abord essayé de me convaincre que le cadeau de maman n'était sans doute pas si gros et que c'est pour cette raison qu'il n'avait pas bloqué la porte. Je me suis souvenu du dicton « Tout ce qui est petit est mignon » et j'ai essayé d'imaginer tous les petits cadeaux que maman aurait pu m'envoyer, mais, pour une raison que j'ignore, la seule petite chose qui me soit venue à l'esprit était la souris morte de Roger. Ça m'a donné mal au cœur alors j'ai arrêté d'y penser.

J'ai regardé le paillasson, il y avait une carte. J'ai reconnu l'écriture rigolote de grand-mère. Même si je pouvais voir qu'il n'y avait rien en dessous, j'ai quand même déplacé la carte avec mes orteils juste au cas où le cadeau de maman aurait été vraiment minuscule, comme un pin's des Manchester United ou une gomme ou quelque chose de ce genre.

Je sentais que Jas m'observait et j'ai levé les yeux vers elle. Un jour, j'ai vu un chien courir sur une rue très fréquentée. Mes épaules se sont dressées jusqu'à mes oreilles et mes sourcils se sont froncés en attendant l'impact. C'est exactement l'expression que Jasmine a eue quand elle m'a vu regarder le paillasson. Comme si elle savait que j'allais avoir mal mais qu'elle ne pouvait rien faire pour l'éviter. Je ne voulais pas qu'elle me regarde comme ça alors j'ai ouvert la carte de grand-mère comme si j'étais vachement content et j'ai rigolé trop fort quand un billet de vingt euros a volé sur la moquette. Jas a dit *Pense à tous les super trucs que tu vas pouvoir t'acheter avec cet argent* et j'étais reconnaissant qu'elle n'ait pas posé de question parce que, dans ma gorge, j'avais une boule de la taille de la planète.

Depuis l'entrée, on a entendu le clac-pschitt d'une cannette qu'on ouvre et Jas a toussé pour camoufler le fait que papa buvait le jour de mon anniversaire. Elle a dit *On va goûter ce gâteau* et m'a attiré dans la cuisine. Il n'y avait pas de bougies alors elle a planté quelques bâtons d'encens dans l'éponge. J'ai fermé mes yeux aussi fort que je le pouvais et j'ai formulé le souhait que le cadeau de maman arrive bientôt. J'ai demandé le plus gros colis du monde entier, un truc à en briser le dos du facteur. Puis j'ai rouvert les yeux et j'ai vu que Jasmine me souriait. Je me suis senti un peu égoïste alors j'ai ajouté *Et faites que Jas se fasse faire un piercing dans le nombril* avant de prendre une grande inspiration. Ça a fait plein de fumée mais c'était impossible d'éteindre les bâtons d'encens alors mes vœux ne vont pas se réaliser.

J'ai coupé le gâteau aussi soigneusement que possible parce que je ne voulais pas l'abîmer. Il avait un goût de Yorkshire Pudding[1] parce qu'il n'y avait pas assez de sucre. J'ai dit *Il est vraiment bon* et Jasmine a rigolé parce qu'elle avait compris que je mentais. Elle n'en a pris qu'un tout petit bout. Elle a crié *Papa, tu en veux une part* mais il n'y a pas eu de réponse. Puis elle a dit *Est-ce que tu te sens plus vieux* et j'ai dit *Non,* parce que rien n'avait changé. Même si j'ai un âge à deux chiffres maintenant, je me sens pareil que quand j'avais neuf ans. Je suis le même qu'à Londres. Jas est la même. Papa est le même. Il n'est pas allé au chantier alors que le monsieur a laissé cinq messages sur notre répondeur en l'espace de deux semaines.

Jas a grignoté le coin d'une toute petite part de gâteau et elle m'a demandé si je voulais mon cadeau. Les carillons ont tinté quand on a ouvert la porte de

1. Plat originaire du Yorkshire, qui accompagne généralement un plat principal en sauce.

sa chambre. Elle a dit *Je ne l'ai pas emballé* et elle m'a tendu un sac en plastique blanc. À l'intérieur, il y avait un bloc-notes et des crayons super, les plus chouettes que j'aie jamais vus. J'ai dit *C'est toi que je dessinerai en premier.* Elle a tiré la langue et s'est mise à loucher. *Seulement si tu me dessines comme ça.*

Après le déjeuner, on a regardé *Spiderman.* C'est le meilleur de tous les super films de tous les temps. On s'est assis par terre, dans sa chambre, avec les rideaux fermés, et on s'est enroulés dans la couette alors que c'était le milieu de l'après-midi. Roger s'est installé sur mes genoux. C'est vraiment mon chat. C'est moi qui prends soin de lui. Avant, il était à Rose. Elle avait supplié et supplié pour avoir un animal de compagnie, et quand elle a eu sept ans, maman a cédé. Elle a mis le chaton dans une boîte et elle a collé un nœud dessus et, quand Rose a ouvert le cadeau, elle a pleuré de joie. Maman m'a raconté cette histoire une centaine de fois. Je ne sais pas si elle oublie qu'elle me l'a déjà racontée ou si elle aime la répéter, mais ça la fait sourire alors je me mords les lèvres et je la laisse finir, même si je m'ennuie. J'adorerais que maman m'envoie un animal pour mon anniversaire. Le mieux, ce serait une araignée. Peut-être qu'elle me mordrait et que j'aurais les mêmes pouvoirs que *Spiderman.*

Quand je suis descendu, après le film, il ne restait presque plus de gâteau. Il n'y avait plus qu'une part sur l'assiette, mais ce n'était pas une part bien nette comme celles que je coupe. Celle-là était toute morcelée. Je suis allé au salon et j'ai vu papa qui ronflait sur le canapé, avec des miettes sur son double menton. Il y avait trois cannettes de bière vides par terre et une bouteille de vodka posée contre un coussin. Il devait être trop ivre pour réaliser que le gâteau avait un goût bizarre. J'étais sur le point de remonter quand j'ai aperçu ma sœur sur la cheminée. Il y avait une part de gâteau à côté de l'urne et je ne sais pas pourquoi, mais ça m'a mis en colère. Je me suis dirigé vers Rose, et même si je sais qu'elle est morte et qu'elle n'entend absolument rien de ce qu'on dit, j'ai chuchoté *C'est mon anniversaire, pas le tien* et j'ai mis le gâteau dans ma bouche.

*

Deux jours plus tard, j'étais dans le jardin en train de dessiner un poisson rouge dans la mare tout en m'efforçant de ne pas tendre l'oreille à cause du facteur. Je n'arrêtais pas de me répéter que rien n'allait arriver, mais dès que j'ai entendu un bruit de pas dans l'allée, j'ai couru dans la maison. Quelques lettres ont glissé sur le paillasson. Rien de maman. Mais ensuite quelqu'un a frappé à la porte et j'ai ouvert tellement vite que le facteur a bondi. Il a dit *Un paquet pour James Matthews* et mes mains ont tremblé quand j'ai attrapé le colis. Le facteur a dit *Signez ici* de sa voix monotone, comme s'il ne savait pas que quelque chose d'extraordinaire était en train de se produire. En écrivant mon nom, je me suis pris pour Wayne Rooney et j'ai fait des tas de gribouillis, comme pour un autographe. Ensuite, le facteur a tourné le dos et il s'est éloigné, ce qui m'a fait vraiment plaisir parce que, pendant une seconde, j'ai eu peur que, si les rêves se réalisaient vraiment, il ne se retrouve avec le dos brisé.

J'ai monté le cadeau dans ma chambre mais je ne l'ai pas ouvert pendant dix minutes. L'adresse avait été écrite en capitales bien propres. J'ai tracé et retracé les lettres sur le papier brun, imaginant maman en train d'écrire mon nom de sa plus belle écriture. Mais, tout d'un coup, je n'ai pas pu attendre une seconde de plus. J'ai arraché le papier cadeau et j'en ai fait une boule que j'ai jetée sur la moquette. À l'intérieur, il y avait une boîte toute simple qui ne donnait aucun indice. Rose aimait les boîtes, c'est papa qui me l'a dit un jour. Elle s'en servait pour faire des vaisseaux spatiaux, des châteaux et des tunnels. Il m'a dit que, quand elle était petite, elle préférait les boîtes aux cadeaux qu'elles contenaient.

Je ne suis pas Rose, alors j'ai été soulagé quand j'ai entendu quelque chose cogner contre le carton en secouant la boîte. Je l'ai ouverte. Mon cœur était comme un de ces lapins fous qu'on voit dans la lumière des phares, à la campagne. Dans un premier temps, il s'est en quelque sorte pétrifié, comme s'il avait trop peur de bouger. Ensuite il a explosé et il a sautillé très vite dans tous les sens. Dans la boîte, il y avait du tissu rouge et bleu. Je l'ai étalé sur le lit avec un de ces sourires qui s'accrochent à vos oreilles comme un hamac entre deux palmiers. Le tissu était aussi doux que de la soie, et l'araignée cousue sur le devant du tee-shirt était grande, noire et dangereuse. J'ai enfilé le tee-shirt de Spiderman et je me suis regardé dans la glace. Jamie Matthews avait disparu. À la place, il y avait un superhéros. À la place, il y avait Spiderman.

Si j'avais porté mon nouveau tee-shirt, au parc, je n'aurais pas eu peur de ces filles. J'aurais couru derrière Jas, j'aurais bondi sur une balançoire et j'aurais sans doute atterri sur un seul pied sans vaciller. Je me serais balancé plus haut et plus vite que quiconque avant moi et ensuite j'aurais sauté de la balançoire et j'aurais volé à travers les airs et ces filles auraient dit *Waouh*. Ensuite, j'aurais ri très fort, genre *HAHAHAHAHA*, et j'aurais sans doute juré, ou quelque chose comme ça. En tout cas je ne me serais pas tenu à dix mètres d'elles, tout tremblant et effrayé comme un froussard.

Sur la carte, il y avait un joueur de foot qui portait le maillot de l'Arsenal. Maman a sans doute cru que c'était celui des Man Utd[1] car ils sont tous les deux rouges. Sur la carte, elle a écrit *À mon grand garçon pour son dixième anniversaire* et puis *Passe une très belle journée, Je t'aime. Maman* avec trois gros baisers en dessous. Je ne pensais pas pouvoir être plus content jusqu'à ce que j'aperçoive le P.-S. en bas de la carte. Il y avait écrit *J'ai hâte de te voir très bientôt avec ton nouveau tee-shirt.*

J'ai répété cette phrase sans pouvoir m'arrêter et elle tourne encore dans ma tête comme ces chiens qui essaient d'attraper leur propre queue. Je suis assis sur le coussin, près de la fenêtre, et Roger ronronne. Il sait que cette journée a été super. Les étoiles brillent plus que jamais, elles me font penser à des centaines de bougies sur un gâteau d'anniversaire noir, mais même si je pouvais les souffler, je ne pourrais rien souhaiter de plus parce que cette journée a été géniale.

Je me demande si maman a déjà pris son billet de train. À moins que Nigel ait une voiture et qu'il la lui prête, mais je ne crois pas qu'elle ait envie de faire tout le trajet jusqu'ici sur l'autoroute. Elle déteste être prise dans des embouteillages. À Londres, elle faisait tout à pied. Enfin, elle arrivera, de toute manière, parce qu'elle va vouloir me voir avant que l'école commence, pour me souhaiter *Bonne chance* et *Sois bien sage*, et tous ces trucs de maman. Et, surtout, elle va vouloir me voir avec mon nouveau tee-shirt. Dans le doute, je ne vais pas l'enlever jusqu'à ce qu'elle arrive. Je dormirai avec, aussi, parce que les superhéros ne se reposent jamais et qu'elle risque de ne pas arriver tôt si son train a du retard ou s'il y a des embouteillages. Ce ne sera sans doute pas ce soir ou demain, ni même après-demain, mais si maman met *Très bientôt*, alors c'est qu'elle vient vraiment *Très bientôt* et je veux être prêt pour elle quand elle arrivera.

1. Abréviation de Manchester United, le club de foot de Wayne Rooney.

4

La prof m'a dit de m'asseoir à côté de la seule musulmane de l'école. Elle a dit *Je te présente Sunya* et ensuite elle m'a dévisagé parce que je ne m'asseyais pas. Les yeux de Mme Farmer n'ont aucune couleur. Ils sont plus pâles que le gris. Ils ressemblent à des télés qui ne captent pas, quand il y a de la neige sur l'écran. Sur le menton, elle a un grain de beauté avec deux poils bouclés au milieu. Ça ne devrait pas être difficile de les arracher. Peut-être qu'elle ne sait pas qu'elle en a. Ou peut-être qu'elle les aime bien. Mme Farmer a demandé *Est-ce qu'il y a un problème* et tous les enfants de ma classe se sont retournés pour regarder. J'ai eu envie de crier *Des musulmans ont tué ma sœur,* mais j'ai senti que ce n'était pas le genre de choses qu'on annonçait avant d'avoir dit *Bonjour* ou *Je m'appelle Jamie* ou alors *J'ai dix ans.* Alors je me suis juste assis tout au bout du bureau et j'ai essayé de ne pas regarder dans la direction de Sunya.

Papa deviendrait fou s'il apprenait ça. Pour lui, la meilleure chose dans ce déménagement c'est qu'on s'éloigne des musulmans. À Finsbury Park, il y en avait des milliers. Les femmes portaient ces longs voiles sur leurs têtes comme si elles étaient déguisées en fantômes, parées pour Halloween. Il y avait une mosquée en bas de la rue où se trouvait notre appartement et on les voyait toujours aller prier tous ensemble. J'avais vachement envie de jeter un coup d'œil à l'intérieur mais papa m'a dit de ne pas m'en approcher.

Ma nouvelle école est petite. Elle est entourée de montagnes et d'arbres, et il y a une rivière qui passe devant l'entrée. Quand on est dans la cour de récréation, on entend des glouglous comme ceux de l'eau du bain qui se vide. À Londres, mon école donnait sur la grand-rue, et tout ce qu'on pouvait entendre, voir ou sentir, c'était les voitures.

Une fois que j'eus sorti ma trousse, Mme Farmer a dit *Sois le bienvenu dans notre école*, et tout le monde a applaudi. Elle a dit *Quel est ton nom* et j'ai dit *Jamie* et elle a dit *D'où viens-tu* et quelqu'un a chuchoté *De Nazeland* mais moi j'ai dit *De Londres.* Mme Farmer a dit qu'elle adorerait visiter Londres mais que c'était trop long en voiture, alors mon estomac s'est contracté parce que tout d'un coup maman m'a semblé tellement loin. Elle a dit *Les bulletins de ta précédente école ne sont pas encore arrivés, alors pourquoi ne nous raconterais-tu pas toi-même quelque chose d'intéressant sur toi*, mais je n'ai rien trouvé à dire du tout. Alors elle a dit *Combien as-tu de frères et sœurs* et je n'ai même pas pu répondre à cette question parce que je ne sais pas si je dois compter Rose. Tout le monde a commencé à ricaner et Mme Farmer a dit *Chut, les enfants* et ensuite elle a demandé *Eh bien, est-ce que tu as des animaux.* J'ai dit *J'ai un chat qui s'appelle Roger.* Mme Farmer a souri et elle a dit *Je suis sûre que Roger le rat est vraiment adorable.*

D'abord, on a dû écrire deux pages sur le thème de « Mes merveilleuses vacances d'été » en faisant attention à la ponctuation et aux majuscules. Ça, c'était assez facile. Ce qui était plus difficile, c'était de trouver quelque chose de merveilleux à raconter. Regarder *Spiderman* et recevoir les cadeaux de maman et de Jas étaient les deux seuls trucs chouettes qui me soient arrivés cet été. Alors j'ai raconté ça, mais ça ne remplissait qu'une page et encore, parce que j'ai écrit très gros. Ensuite je suis resté planté là à regarder mon cahier et j'ai rêvé que je parlais de manger des glaces, de visiter des parcs d'attractions ou de nager dans la mer.

Plus que cinq minutes, a dit Mme Farmer en buvant son café et en vérifiant l'heure sur sa montre. *Tout le monde devrait être en mesure de remplir deux pages, et certains d'entre vous devraient même arriver à trois.* Un garçon a levé la tête. Mme Farmer lui a fait un clin d'œil et le visage du garçon a enflé. Ensuite, il s'est tellement penché que son nez touchait presque la table et il a commencé à écrire vraiment vite, des milliers de mots sortaient de son stylo pour décrire ses merveilleuses vacances.

Mme Farmer a dit *Plus que trois minutes.* Mon stylo était resté bloqué en haut de la deuxième page et ça avait fait une grosse tache d'encre parce que je ne l'avais pas déplacé de là pendant sept minutes.

Invente. Elle avait chuchoté si bas que j'ai d'abord cru que j'entendais des voix dans ma tête. J'ai regardé Sunya et ses yeux étaient tout lumineux et étincelants, comme des flaques d'eau au soleil. Ils étaient marron foncé, presque noirs. Elle portait un voile blanc qui recouvrait entièrement tous ses cheveux à l'exception d'un. Ce cheveu qui se balançait à côté de sa joue était noir, raide et brillant comme un fil de réglisse. Elle a répété *Invente* et puis elle m'a fait un sourire. Ses dents étaient très blanches à côté de sa peau brune.

Je ne savais pas quoi faire. Les musulmans ont tué ma sœur mais je ne voulais pas avoir de problèmes dès le premier jour dans ma nouvelle école. J'ai roulé les yeux comme si je pensais que le conseil de Sunya était vraiment débile, mais c'est là que Mme Farmer a crié *Plus que deux minutes.* Alors j'ai commencé à écrire aussi vite que je le pouvais. J'ai imaginé des montagnes russes vraiment très rapides, des excursions à la plage et des crabes trouvés dans les flaques entre les rochers. J'ai décrit maman qui éclatait de rire quand une mouette essayait de lui piquer ses fish and chips[1] et papa qui me construisait le plus gros château de sable du monde. J'ai écrit qu'il était tellement grand que toute ma famille pouvait entrer dedans mais ça sonnait faux alors j'ai barré ce passage. J'ai dit que Jas avait eu un coup de soleil mais que Rose avait vraiment bronzé. J'ai hésité pendant une milliseconde après avoir écrit cette dernière partie parce que même si tout le reste était faux, ça, c'était vraiment le plus gros mensonge d'entre tous. Mais là, Mme Farmer a crié *Plus que soixante secondes* et mon stylo a couru sur les lignes et avant même que j'aie le temps de réaliser j'avais écrit tout un paragraphe sur Rose.

Mme Farmer a crié *Posez les crayons.* Elle a dit *Qui a envie de raconter ses vacances à toute la classe* et la main de Sunya s'est dressée comme une flèche et ses bracelets ont tinté comme ces clochettes sur les portes à l'entrée des boutiques. Mme Farmer l'a désignée du doigt et ensuite elle a désigné le garçon avec le visage enflé et ensuite deux filles et ensuite moi, alors que je n'avais même pas levé la main. J'ai eu envie de dire *Non, merci,* mais les deux mots sont restés coincés près de mes amygdales. Comme je ne bougeais pas, elle a dit *Allez, James* sur ce ton menaçant alors je me suis

1. Plat d'origine britannique, consistant en un poisson frit dans de la pâte ou de la chapelure avec des pommes de terre frites.

levé et j'ai avancé jusqu'au tableau. Mes chaussures me semblaient plus lourdes que d'habitude et quelqu'un a pointé du doigt une tache sur mon tee-shirt de Spiderman. Les Coco Pops, ça rend le lait tout chocolat, ce qui est génial quand on le boit, mais ça fait des dégâts si on le renverse.

Le garçon enflé a commencé à parler et il ne s'arrêtait plus, alors Mme Farmer a dit *Tu as rempli combien de pages, Daniel,* et Daniel a dit *Trois et demie,* et pendant une seconde j'ai cru que ses yeux allaient gicler de sa tête tellement son visage était bouffi d'orgueil. Ensuite, une fille qui s'appelle Alexandra et une autre qui s'appelle Maisie ont décrit leurs vacances qui étaient remplies de fêtes, de nouveaux animaux et de voyages à Paris. Ensuite, ç'a été le tour de Sunya.

Elle s'est éclairci la gorge. Ses yeux se sont rétrécis au point de ne faire plus que deux fentes étroites. *Cela aurait dû être un merveilleux été,* elle a dit. Puis elle s'est tue et elle a contemplé la classe d'un air dramatique. Quelque part, dehors, un camion est passé en faisant beaucoup de bruit. *Sur le site Internet, l'hôtel était charmant. Il se trouvait dans une forêt magnifique, et pas une habitation à des kilomètres à la ronde. Un endroit parfait pour se reposer, avait dit maman. Elle n'aurait pas pu se tromper davantage.* Daniel a levé les yeux au ciel, puis il a éternué. *Pendant la première nuit, je n'ai pas pu dormir à cause de la tempête. Tout d'un coup, j'ai entendu quelque chose cogner contre ma fenêtre. Clac. Clac. Clac. J'ai cru que ce n'était qu'une branche que le vent faisait bouger mais le cognement a continué après que le vent s'était calmé. Je suis sortie de mon lit et j'ai ouvert les rideaux.* Là, Sunya a poussé un cri strident et Mme Farmer en est presque tombée de sa chaise. Ensuite, Sunya s'est mise à parler très vite. *Ce n'était pas une branche, non, c'était la main d'un cadavre qui tapait à ma fenêtre. Tout d'un coup, la tête du cadavre est apparue, avec son visage édenté et sa chevelure hirsute. Il disait* Laisse-moi entrer, petite fille, laisse-moi entrer. *Alors j'ai...*

Mme Farmer s'est levée, la main sur la poitrine. *Très divertissant, comme d'habitude, Sunya. Merci beaucoup.* Sunya a eu l'air furieuse de ne pas pouvoir lire la fin de ses merveilleuses vacances. Ensuite, c'était mon tour. J'ai lu aussi vite que je le pouvais, bredouillant tous les passages où je parlais de Rose parce que je me sentais coupable de raconter à tout le monde qu'elle s'était bien amusée à la plage alors qu'en fait elle avait passé l'été dans une urne sur une cheminée. *Quel âge ont tes sœurs,* a demandé Mme Farmer. J'ai répondu *Quinze ans. Oh, est-ce qu'elles sont jumelles,* a demandé Mme Farmer comme si c'était la chose la plus chouette de la Terre. J'ai hoché la tête et elle a dit *Comme c'est charmant.* Mon visage est devenu exactement de la même couleur qu'un marqueur rose. Sunya m'a dévisagé pendant trop longtemps. Je savais qu'elle essayait de deviner quelle partie de mon histoire était inventée et ça m'a énervé alors je l'ai dévisagée à mon tour. Mais, au lieu d'être gênée, elle m'a fait son grand sourire tout blanc et un clin d'œil, comme si on partageait un secret.

Très bien, a dit Mme Farmer. *Vous êtes tous un peu plus près du paradis, maintenant.* Daniel rayonnait mais moi j'ai trouvé ça débile. Ce qu'on avait écrit était pas mal mais je ne crois pas que Jésus aurait été impressionné. À ce moment-là, Mme Farmer s'est penchée au-dessus de son bureau et, pour la première fois, j'ai regardé l'affiche. Quinze gros nuages la traversaient en diagonale. En haut à droite, il y avait les lettres PARADIS découpées dans du carton doré. En bas à gauche, il y avait trente petits anges, chacun doté d'une grande paire d'ailes blanches. Sur l'aile droite de chaque ange était écrit le nom d'un élève. Les anges auraient pu avoir l'air saints s'ils n'avaient pas eu une épingle plantée dans la tête. De sa main potelée, Mme Farmer a déplacé mon ange jusqu'au premier nuage. Elle a fait la même chose avec ceux d'Alexandra et de Maisie mais celui de Daniel, elle l'a carrément fait doubler le premier nuage et l'a planté directement sur le deuxième nuage.

À l'heure du déjeuner, j'ai essayé de me faire un copain. Je ne veux pas que ce soit comme à Londres, ici. Dans mon ancienne école, tout le monde m'appelait *Fillette* parce que j'aime les arts plastiques, *Fayot* parce que je suis intelligent et *Zarbi* parce que j'ai du mal à parler à des gens que je ne connais pas. Ce matin, Jas m'a dit *C'est important de te faire des amis, cette fois* et la manière dont elle a dit ça m'a mis mal à l'aise, comme si elle savait que je passais l'heure du déjeuner à la bibliothèque plutôt que dans la cour de récréation, à Londres.

J'ai traversé la cour en cherchant quelqu'un à qui je pourrais parler, mais Sunya était l'unique autre élève à être toute seule. Tous les autres élèves de ma classe étaient installés en groupes sur la pelouse. Les filles faisaient des guirlandes de fleurs et les garçons tapaient dans un ballon. Je crevais d'envie de jouer, moi aussi, mais je n'ai pas osé leur demander si je pouvais participer alors je me suis allongé pas trop loin d'eux et j'ai fait semblant de prendre un bain de soleil en espérant qu'un des garçons m'appellerait. J'ai fermé les yeux et j'ai écouté le gargouillis de la rivière et les garçons qui riaient et les filles qui hurlaient quand le ballon atterrissait trop près d'elles.

J'ai cru qu'un nuage passait devant le soleil parce que je me suis retrouvé à l'ombre. J'ai levé les yeux et la seule chose que j'aie pu distinguer, c'était deux yeux brillants, de la peau d'un brun foncé et un cheveu qui se balançait doucement dans la brise. J'ai dit *Va-t'en*, Sunya a dit *C'est charmant* en se laissant tomber à côté de moi et elle m'a fait un sourire. J'ai dit *Qu'est-ce que tu veux* et elle a dit *Papoter avec Spiderman* et après elle a ouvert sa main qui était étonnamment rose et à l'intérieur il y avait une bague fabriquée avec de la Patafix bleue.

Moi aussi, j'en suis un. Elle a chuchoté ces mots en regardant autour d'elle pour s'assurer que personne n'écoutait. J'avais envie de l'ignorer mais j'étais intrigué alors j'ai dit *Tu es quoi exactement* et après j'ai fait exprès de bâiller pour lui faire croire que la réponse ne m'intéressait pas vraiment. Elle a dit *C'est évident, non* en montrant du doigt le voile qui enveloppait sa tête et ses épaules. Je me suis redressé d'un coup et ma bouche devait être grande ouverte parce qu'une mouche y est entrée et a terminé sa course sur ma langue. J'ai toussé et craché et Sunya a rigolé. Elle a dit *On est pareils* et j'ai crié *Non, on n'est pas pareils* et Daniel nous a regardés depuis son groupe allongé dans l'herbe. Elle a dit *Prends-la* en me tendant la bague. Je me suis poussé en secouant la tête. C'était manifestement une tradition musulmane, mais je n'avais encore jamais entendu parler de cette habitude de donner et de recevoir des bagues en Patafix. Pourtant, on a étudié le ramadan, à l'école. Sunya a dit *Allez* en agitant le majeur de sa main droite devant mes yeux. Un fin cordon de Patafix était enroulé autour de son doigt et une petite pierre marron était enfoncée sur le dessus, comme un diamant. Elle a dit *La magie n'opérera pas tant que tu ne porteras pas la même* et j'ai dit *Ma sœur a explosé à cause d'une bombe* et je me suis relevé en trébuchant et je suis parti en courant.

Heureusement, une des grosses dames de la cantine a sifflé, c'était l'heure de rentrer alors j'ai couru jusqu'à la salle de classe. Quand je me suis assis sur ma chaise, mon cerveau cognait contre les os de ma tête et j'avais besoin de boire quelque chose. Mes mains laissaient des traces de sueur sur la table. J'ai entendu des rires dans le corridor, c'était le groupe de la pelouse qui rentrait. Ils avaient tous un bracelet de fleurs noué autour du poignet. Même les garçons. Et même s'ils avaient l'air vraiment nazes, j'avais terriblement envie de porter moi aussi un bracelet de fleurs. Sunya est arrivée la dernière et elle a agité ses doigts devant mon visage, la bague en Patafix brillait sur son majeur.

On a fait un peu de maths et on a fini la journée avec un cours de géographie et je n'ai pas regardé Sunya une seule fois. J'étais gêné et triste, comme si j'avais trahi papa. Même si ma peau est blanche et que j'ai un accent anglais et que je pense que ce n'est pas bien de faire exploser les sœurs des autres, j'ai dû faire quelque chose pour que Sunya croie que je voulais des bijoux musulmans.

La prof a dit *Rangez vos affaires* et je me suis levé pour ranger mon livre de géographie dans mon nouveau tiroir. Il y a écrit James Matthews dessus et il y a la photo d'un lion à côté de mon nom, ce qui me fait penser au lion argenté, dans le ciel. J'ai ouvert mon tiroir et j'ai aperçu quelque chose de petit et de blanc sous mon livre d'anglais. Des pétales. J'ai levé les yeux et j'ai vu que Daniel me souriait. Il a hoché la tête et il a désigné mon tiroir comme pour me dire de regarder de plus près. Du coup, j'ai poussé mon cahier d'anglais et mon cœur a bondi hors de ma poitrine. Une couronne de fleurs. J'ai de nouveau levé les yeux et Daniel a levé les pouces. J'ai fait pareil même si mes mains tremblaient et, tout d'un coup, j'ai eu hâte de rentrer à la maison pour raconter ma journée à Jas. Sunya est apparue près de moi et elle a examiné la chaîne d'un air bizarre. De la jalousie. Je l'ai ramassée en prenant plein de précautions, j'avais hâte de la mettre autour de mon poignet mais elle s'est cassée en mille morceaux. Daniel a commencé à rigoler. Mon cœur est brutalement rentré dans ma poitrine en laissant un grand trou noir, et tout le bonheur a coulé sur le sol de la classe. Ce n'était pas un bracelet. Ça n'avait jamais été un bracelet – c'était juste un tas de fleurs écrasées. Et Sunya n'était pas jalouse. Elle était en colère. Elle a fixé Daniel de ses yeux brillants et tous les éclats lumineux semblaient aussi coupants que du verre cassé.

Daniel a tapé sur l'épaule d'un garçon qui s'appelle Ryan. Il lui a chuchoté quelque chose à l'oreille. Ils m'ont tous les deux fait des sourires et ils ont levé leurs pouces vers le ciel. Ensuite, ils ont fait un de ces ricanements et ils ont quitté la classe. J'ai eu envie que le lion d'argent descende du ciel pour arracher leurs têtes.

Sunya a chuchoté *La bague va te protéger* et j'ai fait un bond d'un million de millions de kilomètres. On était les derniers dans la classe. *Cela fait partie de ses pouvoirs magiques.* J'ai dit *Je n'ai pas besoin de protection* et Sunya a rigolé. Elle a dit *Même Spiderman a besoin d'un coup de main, de temps en temps,* et elle m'a fait son sourire. Le soleil se déversait depuis la fenêtre et se reflétait sur son voile, sur sa tête, et pendant une milliseconde j'ai pensé à des choses pures comme des anges, des auréoles, Jésus et du glaçage blanc. Mais tout de suite le visage de papa s'est imposé dans ma tête et a chassé toutes ces autres pensées. J'ai revu ses lèvres serrées et ses yeux rétrécis pendant qu'il disait *Les musulmans infectent ce pays comme une maladie,* ce qui n'est pas tout à fait vrai. Ils ne sont pas contagieux, ils ne vous donnent pas de boutons rouges comme la varicelle et, pour autant que je sache, ils ne causent même pas de fièvre.

J'ai fait un pas en arrière, puis un autre et je me suis cogné dans une chaise parce que mes yeux étaient rivés au visage de Sunya. Quand j'ai atteint la porte, elle a dit *Tu ne comprends pas* et j'ai dit *Non.* Alors elle est restée silencieuse et tout d'un coup j'ai eu peur que la conversation ne soit terminée. J'ai soupiré comme si elle était la personne la plus ennuyeuse de la Terre et je me suis retourné comme si j'étais sur le point de partir. Alors elle a dit *Eh bien, tu ferais mieux de comprendre parce que nous sommes pareils.* Je me suis arrêté et j'ai parlé très clairement. *Mais je ne suis pas musulman.* Le rire de Sunya a fait un cliquetis comme les bracelets de son poignet. *Non, mais tu es un superhéros.* Mon cœur s'est remis à sa place en un clin d'œil. Mes yeux sont passés de billes à boules de billard. D'un de ses doigts bruns, elle a désigné le tissu drapé sur ses cheveux et sur son dos et elle a dit *Spiderman, je suis Girl M.* Ensuite, elle s'est approchée de moi et elle a touché ma main et avant que je n'aie pu la retirer, elle avait disparu. La bouche sèche, les yeux écarquillés comme des planètes, j'ai vu Sunya courir le long du couloir et, pour la première fois, j'ai remarqué que l'étoffe qui claquait autour de son corps ressemblait très exactement à une cape de superhéros.

5

Ça s'est passé il y a cinq ans, jour pour jour. La télé en est remplie, des tonnes d'émissions sur le 9 septembre. C'est vendredi, on n'a pas pu aller au bord de la mer parce qu'il y a école mais je crois qu'on va y aller demain, du coup. Papa n'a rien dit mais je l'ai vu rechercher St Bees sur Internet, c'est la plage la plus proche d'ici, et hier soir il a caressé l'urne comme pour lui dire au revoir.

Il ne va probablement pas le faire alors je ne vais pas encore lui dire au revoir. Je dirai au revoir s'il se sépare vraiment des cendres de Rose et s'il les disperse dans la mer. Il y a deux ans, il m'a demandé de toucher l'urne et de murmurer mes dernières paroles et je me suis senti bête parce que je savais bien qu'elle ne pouvait pas m'entendre. Et je me suis senti encore plus stupide quand je l'ai retrouvée sur la cheminée, le lendemain, et que mes adieux n'avaient servi à rien.

Jas n'est pas allée à l'école aujourd'hui parce qu'elle était trop triste. Parfois, j'oublie que Rose était sa jumelle et qu'elles avaient passé dix ans ensemble, ou plutôt dix ans et neuf mois, si on compte le temps passé dans l'utérus. Je me demande si elles se regardaient quand elles étaient dans le ventre de maman.

Je parie que Jas a ouvert un œil. Elle est vraiment curieuse. L'autre jour je l'ai surprise dans ma chambre en train de fouiller dans mon cartable. Elle a dit *Je vérifie juste que tu as bien fait tes devoirs.* D'habitude, c'est le rôle de maman.

Ça devait être serré, deux bébés dans maman. Ça doit être pour ça qu'elles n'étaient pas si proches. Jas m'a dit que Rose n'arrêtait pas de la commander, qu'elle voulait toujours être au centre de l'attention et qu'elle se mettait à pleurer si on ne faisait pas ce qu'elle voulait. J'ai dit *Je suis content que ce soit elle qui soit morte, et pas toi* en lui souriant gentiment. Jas a froncé les sourcils. *Je veux dire, s'il fallait qu'il y en ait une qui meure.* Sa lèvre inférieure s'est mise à trembler. Je me suis senti un peu en colère et j'ai dit *Est-ce que ce n'est pas un tout petit peu chouette, sans elle.* C'est Jas qui a dit que Rose était énervante, après tout. Pas moi. Elle a répondu *Imagine une ombre sans la personne.* J'ai pensé à Peter Pan. Son ombre s'amusait beaucoup mieux dans la chambre de Wendy quand Peter n'était pas là. J'ai eu envie d'expliquer ça à Jas, mais elle s'était mise à pleurer alors je lui ai donné un mouchoir et j'ai allumé la télé.

Pendant que je mangeais mes Coco Pops, ce matin, Jas m'a demandé si je voulais rester à la maison, moi aussi. J'ai secoué la tête. Elle a demandé *T'es sûr* en consultant son horoscope sur l'ordinateur portable. Tu n'es pas obligé d'y aller, si tu es triste. J'ai attrapé les sandwichs qu'elle avait préparés pour mon déjeuner, sur le buffet, et j'ai expliqué *On a arts plastiques, le vendredi. C'est mon cours préféré. Et c'est le tour des CM2 pour la boutique de confiseries.* J'ai couru dans ma chambre pour chercher l'argent que m'avait offert grand-mère.

Pendant le rassemblement, le professeur a prononcé une prière pour toutes les familles affectées par le 9 septembre. J'avais l'impression d'avoir un projecteur dirigé sur ma tête. À Londres, je détestais le 9 septembre parce que tout le monde à l'école savait ce qui s'était passé. Personne ne me parlait pendant l'année, mais ce jour-là tout le monde voulait être mon ami. Ils disaient *Rose doit te manquer* ou alors *Je parie que Rose te manque* et je devais dire *Oui* et hocher tristement la tête. Mais ici, personne ne sait rien alors je n'ai pas besoin de faire semblant, et j'ai envie que ça reste comme ça.

Une fois qu'on avait tous dit *Amen*, j'ai levé les yeux de la prière. Pendant une milliseconde, j'ai cru que j'y avais échappé mais après j'ai vu deux yeux qui scintillaient. Sunya était assise, jambes croisées, le menton posé sur sa main gauche, et elle mordillait le bout de son petit doigt en me fixant. Tout d'un coup, je me suis rappelé que j'avais dit *Ma sœur a explosé à cause d'une bombe* et, à la manière dont elle me regardait, j'ai compris qu'elle s'en souvenait aussi.

Je ne lui ai pas reparlé depuis que j'ai découvert qu'elle était un superhéros. Je veux absolument tout savoir à propos de Girl M mais chaque fois que j'ouvre la bouche, je pense à papa et mes lèvres se referment d'un coup, emprisonnant les mots. S'il savait que j'ai envie de parler à une musulmane, il me jetterait à la porte et je n'aurais nulle part où aller puisque maman vit avec Nigel. Cela fait trois semaines qu'elle m'a envoyé le colis, et elle n'est toujours pas venue. Le tee-shirt de Spiderman commence à être un peu sale mais je ne peux pas l'enlever parce que ça voudrait dire que je la laisse tomber. Et puis, de toute façon, ce n'est pas la faute de maman si elle est coincée à Londres. C'est la faute de M. Walker. C'est le directeur de l'école d'art où elle travaille, et il est encore plus méchant que le type le plus méchant qui me vienne à l'esprit en cet instant, donc plus méchant que le Bouffon vert de *Spiderman.* Un jour, il a interdit à maman d'aller à un mariage alors qu'elle le lui avait demandé le plus gentiment du monde. Une autre fois, il ne lui a pas donné de congé pour l'enterrement de Mme Best. Maman a dit que ce n'était pas grave si elle manquait les funérailles car Mme Best était une mégère folledingue, mais elle avait acheté une robe noire de la marque Next qu'elle n'a pas pu rapporter parce que Roger avait mordillé le ticket de caisse.

Dans l'un des documentaires qui sont passés à la télé, il y avait un type qui racontait qu'il avait perdu sa nièce le 9 septembre, et il n'a pas pu dire plus de quatre mots sans éclater en sanglots. Les reporters de télévision n'arrêtaient pas d'appeler papa et maman, mais ils n'ont jamais accepté de se faire interviewer. Moi, ça ne me dérangerait pas qu'on me filme et qu'on me pose des questions, mais je ne me souviens pas de cette journée, hormis un grand boum et beaucoup de larmes.

Je crois que papa en a voulu à maman et que c'est comme ça qu'ils ont commencé à se haïr. Ils ne parlaient jamais. Je ne trouvais pas ça bizarre jusqu'à ce que j'aille chez Luke Branston, quand on a été amis pendant quatre jours, et que je voie ses parents se tenir par la main, rire et papoter. Papa et maman ne s'entretenaient que sur des questions pratiques comme *Peux-tu me passer le sel* ou *Est-ce que tu as nourri Roger* ou *Enlève tes saletés de chaussures, je viens de nettoyer le tapis.*

Jas se souvient comment c'était avant, alors le silence la rend triste. Moi, ça ne me dérange pas parce que je n'ai jamais rien connu d'autre. Un jour, à Noël, on s'est disputés très fort à cause du Scrabble et j'ai tapé sur sa tête avec la planche de jeu et elle a essayé de fourrer les lettres dans mon pull. Papa et maman ne nous ont même pas dit d'arrêter. Ils sont juste restés là, assis dans le salon à regarder dans des directions opposées quand Jas leur a montré la bosse, au-dessus de son nez. Plus tard, pendant qu'elle essayait de récupérer le Q qui s'était coincé dans mon col, elle m'a dit *On est invisibles.* J'aurais bien aimé que ce soit vrai. Si je pouvais choisir un superpouvoir, l'invisibilité serait tout en haut de ma liste, même avant voler. Jas a retrouvé un T dans ma manche et elle a dit *C'est comme si on était morts, nous aussi.*

On était à Trafalgar Square quand c'est arrivé. C'était l'idée de maman d'y aller. Papa voulait faire un pique-nique dans le parc mais maman voulait aller voir une exposition dans le centre. Papa adore la campagne parce qu'il a grandi dans les Highlands écossais. Il a emménagé à Londres parce qu'il a rencontré maman et qu'un jour elle a dit *La vie ne vaut le coup d'être vécue que si on est dans la capitale.* Du coup je l'imagine toujours assise sur un grand L pour Londres.

Jas m'a raconté que la journée avait bien commencé, il y avait du soleil même s'il faisait froid et on pouvait voir son haleine comme de la fumée de cigarette. J'étais en train de jeter des miettes de pain par terre et je riais quand les pigeons essayaient de les attraper. Jasmine et Rose couraient au milieu des oiseaux pour les faire tournoyer dans le ciel et maman rigolait mais papa a dit *Arrêtez ça, les filles.* Maman a dit *Elles ne font rien de mal* mais Jas a couru rejoindre papa parce qu'elle détestait se faire gronder. Rose n'était pas aussi gentille, d'ailleurs elle était plutôt pénible. D'après Jas, elle était même assez peste à l'école mais personne ne semble se souvenir de ça maintenant qu'elle est toute morte et parfaite. Jasmine a pris la main de papa qui a crié *Rose, viens là* mais maman a dit

Oh, laisse-la vivre et elle a ricané en voyant Rose tournoyer sur place en rejetant sa tête en arrière. Les oiseaux voletaient autour d'elle et maman a crié *Plus vite* et là il y a eu un grand boum et elle a volé en éclats.

Jas dit que le monde est devenu tout noir tellement il y avait de fumée et ses oreilles étaient bizarres parce que l'explosion avait vraiment été forte. Mais même si son tympan avait éclaté elle entendait papa crier *Rose Rose Rose.*

Ce n'est que plus tard qu'ils ont découvert que c'était une attaque terroriste. Des bombes avaient été placées dans quinze poubelles réparties dans tout Londres, et il était prévu qu'elles explosent toutes à la même heure, le 9 septembre. Trois n'ont pas fonctionné alors il n'y en a que douze qui ont explosé, mais c'était quand même suffisant pour tuer soixante-deux personnes. Rose était la plus jeune des victimes. Personne ne savait qui l'avait fait jusqu'à ce qu'un groupe de musulmans poste un message sur Internet, dans lequel ils disaient qu'ils l'avaient fait au nom d'Allah, ce qui est le mot musulman pour dire Dieu et qui rime avec un mot que j'ai souvent répété quand j'avais sept ans et demi et que je voulais être magicien : *Voilà*[1].

Le programme télévisé donnait l'impression qu'il s'agissait d'un film. C'était une reconstitution des attentats du 9 septembre. Il n'y avait pas Rose parce qu'ils n'ont pas eu la permission de maman ou papa. Mais c'était intéressant de voir ce qui s'était passé aux autres endroits où ça a explosé, dans la ville. L'un des hommes qui sont morts n'aurait pas dû être à Londres, le train qui devait l'amener de Euston Station à Manchester Piccadilly avait été annulé à

1. En français dans le texte.

cause d'une panne d'aiguillage. Au lieu d'attendre bêtement le prochain train à la gare, le type avait décidé de faire un peu de tourisme et il était allé à Covent Garden. Comme il avait faim, il s'est acheté un sandwich et a mis l'emballage dans la poubelle et il est mort. Si l'aiguillage n'avait pas échoué, s'il ne s'était pas acheté un sandwich ou même s'il l'avait mangé un tout petit peu plus lentement ou un tout petit peu plus vite, peut-être qu'il n'aurait pas mis l'emballage dans cette poubelle au moment précis où la bombe explosait. Et ça m'a fait réaliser quelque chose. Si nous n'étions pas allés à Trafalgar Square ou si les pigeons n'existaient pas ou si Rose avait été sage au lieu d'être une peste, alors elle serait encore vivante et ma famille serait heureuse.

Ça m'a fait bizarre de penser ça alors j'ai changé de chaîne. Il n'y avait rien d'autre que des pubs. Jas est arrivée avec les épaules toutes voûtées et elle a dit *Papa dort, maintenant* et elle semblait vraiment soulagée mais moi j'ai eu mauvaise conscience parce que je ne l'avais pas aidée du tout. J'avais juste monté le son de la télé aussi fort que possible pour ne pas avoir besoin d'entendre le vomi éclabousser les toilettes. Jasmine a dit *Il ira mieux demain.* Je lui ai dit *Tu veux jouer à Devine la pub,* qui est un jeu que j'ai inventé et où il faut crier le nom de ce dont on fait la pub avant qu'ils le disent à la télé. Elle a hoché la tête mais alors il y a eu une pub qu'on n'avait jamais vue et on n'a pas pu jouer. Elle montrait un grand théâtre et un homme disait *Le Plus Grand Show pour Jeunes Talents de Grande-Bretagne, réalisez vos rêves,* et ensuite *Appelez ce numéro pour changer de vie* et je me suis dit que ce serait génial de décrocher le téléphone et de commander une autre vie comme si je commandais une pizza ou autre chose. Je demanderais un papa qui ne boit pas et une maman qui ne serait pas partie mais je ne changerais absolument rien à Jas.

Tu ne peux pas mettre ça demain, a dit Jas en désignant mon tee-shirt du menton. *On va répandre les cendres de Rose et papa veut qu'on porte du noir.* J'ai crié Coco Pops parce qu'une pub Kellogg's passait à la télé.

*

J'ai dû grandir depuis Londres parce que tous mes vêtements sont trop petits. J'ai mis un pantalon noir et un pull noir par-dessus mon tee-shirt de Spiderman mais on pouvait toujours voir un peu de rouge et de bleu au niveau du col. Jas a roulé les yeux quand elle s'en est aperçue, mais papa n'a rien remarqué. Il avait le regard rivé sur l'urne qu'il avait posée sur la table de la cuisine pendant qu'on prenait le petit déjeuner. Elle ressemblait à une salière géante mais je ne crois pas que Rose aurait bon goût sur des frites.

Cela nous a pris deux heures d'aller à St Bees et on a écouté la cassette qu'on écoute toujours quand c'est l'anniversaire de la mort de Rose. Encore, encore et encore. Marche. Stop. Retour. Marche. Stop. Retour. La bande est vraiment abîmée à force de l'écouter mais on peut toujours entendre maman jouer au piano et mes sœurs chanter.

Le courage de voler

Ton sourire élève mon âme vers le ciel.
Ta force me donne le courage de voler.
Un cerf-volant, si près de la terre et pourtant libre.
Ton amour révèle ce qu'il y a de meilleur en moi.

Elles l'avaient enregistré pour l'anniversaire de papa, à peu près trois mois avant la mort de Rose.

C'est tellement parfait, a dit papa au moment du solo de Rose. Il avait l'air choqué. *On dirait la voix d'un ange.* Mais quiconque a des oreilles remarquerait que Jas chante beaucoup mieux, et c'est ce que je lui ai dit quand nous étions dans la voiture. Ce n'était pas difficile de chuchoter à son oreille, parce qu'on était écrasés sur la banquette arrière. Rose était installée sur le siège avant. Papa lui avait même mis une ceinture de sécurité, mais il avait oublié de penser à la mienne.

On est sortis de l'autoroute et on a descendu une montagne et tout d'un coup il y avait la mer, une bande bleue toute droite et étincelante comme si quelqu'un l'avait dessinée avec un stylo qui brille et une règle. La bande grossissait à mesure que nous approchions et la ceinture de sécurité de papa devait être trop serrée car il a commencé à l'éloigner de sa poitrine comme si elle l'empêchait de respirer. Quand nous sommes entrés sur le parking, sa nuque était écarlate, comme s'il avait rougi. Papa a tiré sur son col et un bouton a sauté et a atterri en plein milieu du volant. J'ai crié *Dans le mille* mais personne n'a rigolé. Le tapotement des doigts de papa sur le tableau de bord faisait le bruit d'un galop de cheval.

J'étais justement en train de me demander s'il y aurait des ânes sur la plage quand Jas a ouvert la portière de la voiture. Papa a sursauté. Elle a marché vers le parcmètre et y a inséré quelques pièces. Pendant que le ticket sortait, papa est resté planté sur le parking, l'urne pressée contre la poitrine. Il a dit *Dépêche-toi* et j'ai défait ma ceinture et je suis sorti de la voiture. St Bees sentait le poisson et les frites, et mon estomac a gargouillé.

Sur le chemin de la mer, j'ai repéré cinq galets qui auraient fait de bons ricochets. Les galets sont des pierres plates qui rebondissent sur l'eau si on les lance de la bonne manière. Un jour, Jas m'a montré comment on faisait. J'ai eu envie de ramasser les galets et de jouer, mais j'ai eu peur de mettre papa en colère. Il a glissé sur des algues et l'urne a failli terminer sa course sur la plage, ce qui n'aurait pas été terrible. Les cendres de Rose sont aussi fines que des grains de sable, tout se serait mélangé. Je ne devrais pas savoir ça, mais j'ai jeté un coup d'œil à l'intérieur de l'urne, quand j'avais huit ans. Ce n'était pas si excitant. J'avais imaginé que les cendres seraient multicolores, qu'on pourrait encore voir de quelle partie du corps de Rose venait quelle cendre. Je pensais qu'il y en aurait des beiges pour la peau et des blanches pour les os. Je ne pensais pas qu'elles seraient aussi ennuyeuses.

Il y avait du vent, les vagues s'écrasaient violemment sur la plage et faisaient de l'écume comme du Coca qu'on aurait secoué. J'ai eu envie d'enlever mes chaussures et de patauger mais je me suis dit que ce n'était pas une bonne idée. Papa a commencé à faire ses adieux. Il a dit la même chose qu'il avait dite l'année dernière et l'année d'avant. Qu'il ne l'oublierait jamais. Du coin de l'œil, j'ai vu un truc orange et vert tournoyer dans les airs. J'ai levé la tête et le soleil m'a fait cligner des yeux mais j'ai vu un cerf-volant filer devant les nuages. Avec tout ce vent, ça faisait quelque chose de beau.

Dis quelque chose, m'a soufflé Jas. J'ai baissé la tête et j'ai vu que papa me fixait. Je ne sais pas depuis combien de temps il attendait que je parle. J'ai posé ma main sur l'urne, j'ai pris un air très sérieux et j'ai dit *Au revoir, Rose* et *Tu as été une super sœur,* ce qui est un mensonge, et *Tu me manqueras toujours,* ce qui est un mensonge encore plus gros. J'avais trop hâte de me débarrasser d'elle.

Papa a vraiment ouvert l'urne. De tous les anniversaires dont je me souvienne, il n'était jamais arrivé aussi loin. Jas a dégluti. J'ai arrêté de respirer. Tout avait disparu hormis les doigts de papa, les cendres de Rose et l'ombre d'un diamant parfait qui filait à travers le ciel. J'ai remarqué une grosse entaille sur le majeur de papa et je me suis demandé comment il s'était fait ça et si ça faisait mal. Il a essayé de passer ses doigts dans l'urne, mais ils étaient trop gros. Il a cligné des yeux plusieurs fois et il a serré la mâchoire. Il a tendu la paume de sa main. Elle tremblait. Elle semblait sèche, comme la paume d'un vieillard. Il a incliné l'urne, puis il a changé d'avis. Il l'a inclinée une seconde fois, un peu plus que la première fois. L'ouverture touchait presque sa paume. Quelques grains gris se sont échappés. Il a vite redressé l'urne, il respirait difficilement. J'ai fixé les cendres sur sa main et je me suis demandé de quel morceau de Rose elles venaient. Crâne. Orteil. Côte. Elles auraient pu être n'importe quoi. Avec son pouce, papa les a effleurées doucement en disant des choses que je ne pouvais pas entendre.

Les doigts de papa se sont refermés sur les cendres. Ses articulations sont devenues toutes blanches. Il a levé les yeux au ciel. Il a baissé les yeux sur la plage. Il les a tournés vers moi, puis il a fixé Jas. C'était comme s'il attendait que quelqu'un lui dise NE LE FAIS PAS, mais nous n'avons rien dit. Je pensais qu'il allait ouvrir sa main et laisser les cendres s'envoler dans la brise, mais il a confié l'urne à Jas et il a fait un pas en avant. La mer tourbillonnait autour de ses chaussures. J'ai senti mes joues rougir. Papa avait l'air d'un fou. Même Jas a toussé comme si elle était embarrassée. Une vague s'est brisée sur ses tibias et a trempé son jean. Il a fait un second pas en avant. L'eau salée moussait autour de ses rotules. Il a lentement levé les bras et ses poings fermés. Quelque part derrière nous, une fille a poussé une acclamation tandis que le cerf-volant s'élevait comme une flèche dans le ciel.

Pile au moment où papa ouvrait les doigts, il y a eu un grand coup de vent. Le cerf-volant a fait une embardée et des cendres ont volé sur le visage de papa. Tandis que papa éternuait des morceaux de Rose, la fille s'est mise à crier et un type avec un fort accent a crié *Il descend*. Papa a baissé la tête d'un coup pour regarder la plage. J'ai suivi son regard et j'ai vu une grosse main brune essayer de reprendre le contrôle de la ficelle du cerf-volant.

Papa a lâché un juron en secouant la tête. Le cerf-volant a heurté le sol et le monsieur s'est mis à rire. Il a passé un bras autour d'une fille qui s'est mise à rigoler, elle aussi. Papa a pataugé jusqu'à la plage et a repris l'urne des mains de Jas. Elle avait replacé le couvercle mais il a quand même appuyé bien fort dessus en dévisageant l'homme comme si le vent avait été sa faute.

Jas a murmuré *Ça va*. Des larmes se sont accumulées dans les yeux de papa et m'ont fait penser à ces gouttes qu'on vous donne à la pharmacie quand on a une infection ou le rhume des foins, ou qu'on n'a pas mangé assez de carottes.

Est-ce que tu veux que je – je veux dire, je peux le faire si tu veux. Je pourrais répandre les...

Mais papa s'était retourné avant même que Jas n'ait terminé sa phrase. Sans un mot, il a rejoint la voiture, l'urne fermement serrée dans sa main gauche. J'ai vite attrapé un galet et je l'ai propulsé sur la mer. Il a rebondi cinq fois, ce qui est mon record de tous les temps.

6

Mme Farmer s'est assise sur sa chaise, lundi matin. Elle a lu les annonces. Il y en avait une sur le club de jardinage, une sur des flûtes à bec et une sur l'équipe de foot de l'école. Mes oreilles se sont dressées et elle a dit *Le proviseur organise un tournoi de sélection mercredi à quinze heures. Rendez-vous sur le terrain de l'école, apportez vos chaussures de football.* Puis elle a fait l'appel. Tout le monde a répondu *Oui, madame,* sauf Daniel, qui a dit *Oui, madame Farmer.* Ça m'a surpris qu'il ne fasse pas la révérence. Son ange a déjà atteint le cinquième nuage. L'ange de Sunya est sur le quatrième et celui de la plupart des autres est sur le troisième. Le mien est le seul qui soit resté sur le premier nuage.

Qu'est-ce que vous avez fait ce week-end, a demandé Mme Farmer, et tout le monde a commencé à crier en même temps, sauf moi qui suis resté silencieux. *Chacun son tour,* a dit Mme Farmer en me montrant du doigt. *On commence par Jamie. Alors, qu'as-tu fait d'amusant,* m'a-t-elle demandé en prenant cette voix de bébé. J'ai pensé à la mer, j'ai pensé aux cendres et j'ai pensé aux bougies que papa a allumées autour de Rose quand elle a retrouvé sa place sur la cheminée. Mon week-end était trop difficile à expliquer. J'ai demandé *Est-ce que je peux aller aux toilettes.* Mme Farmer a soupiré. Elle a répondu *L'école vient juste de commencer,* ce qui n'était ni un oui ni un non, du coup je ne savais pas quoi faire. Je me suis à moitié levé de ma chaise et puis je me suis rassis. Elle a répété d'un ton cassant *Raconte-moi ton week-end,* comme si je faisais exprès de l'embêter.

Il y a eu un tintement métallique et un courant d'air quand la main de Sunya a volé vers le plafond. *S'il vous plaît, Mme Farmer, je peux vous raconter,* a-t-elle demandé. Et, sans attendre la réponse, elle a dit *J'ai rencontré les sœurs de Jamie.* Ma mâchoire a presque percuté la table. Mme Farmer a dit *Oh, les jumelles* en souriant, et elle s'est penchée en avant sur sa chaise. Sunya a hoché la tête. Elle a dit *Elles sont vraiment chouettes. Toutes les deux.* Mme Farmer a posé sur moi ses yeux incolores et m'a dit *Rappelle-moi leurs prénoms.* Je me suis éclairci la gorge. J'ai commencé par dire *Jas* et puis j'ai hésité. *Et Rose,* a ajouté Sunya. *On est tous allés à la plage et on a mangé de la glace et du chocolat, on a ramassé des coquillages et on a trouvé des sirènes qui nous ont appris à respirer sous l'eau.* Mme Farmer a cligné des yeux. Elle a dit *Comme c'est charmant* et elle a commencé le cours.

Pendant la récréation, Daniel m'a dit *T'es un naze* et tout le monde a rigolé. J'étais assis tout seul dans la cour, je fixais ma chaussure comme si c'était le truc le plus intéressant de la Terre. *Ta copine aussi, c'est une naze.* Tout le monde a de nouveau éclaté de rire. J'ai eu l'impression qu'ils étaient une centaine, je n'ai pas osé me retourner. J'ai défait mon lacet pour avoir quelque chose à faire. Il a crié *Dingo. Avec tes sirènes et ton tee-shirt qui pue.* J'ai essayé de faire un nœud mais mes mains tremblaient. J'ai enfoncé mes dents dans ma rotule et la douleur m'a fait du bien.

Moi, j'aime bien son tee-shirt, a crié quelqu'un, et mon cœur a cessé de battre. Sunya semblait hors d'haleine, comme si elle avait parcouru des kilomètres pour venir à ma rescousse. Cette pensée m'a fait plaisir mais elle m'a aussi mis en colère. *T'es vraiment une tapette,* a continué Daniel, et les gens ont dit des trucs du genre *Ah ouais, c'est clair* et *Quelle pédale.* Daniel a arrêté de parler jusqu'à ce que tout le monde se taise. *En plus, t'attends qu'une fille vienne prendre ta défense au lieu de m'affronter comme un homme.* Cette phrase était tellement débile que j'aurais rigolé si je n'avais pas eu aussi peur de me faire exploser la tête. Sunya a crié *Les hommes ne portent pas de colliers de fleurs* et la foule a fait *Oh ! lala* ! Daniel n'a pas su quoi répliquer. J'ai regardé autour de moi. Sunya avait les mains posées sur les hanches et son voile battait dans le vent. Girl M.

Finalement Daniel a fait *Enfin bon* en soupirant et en essayant d'avoir l'air de s'ennuyer ferme, mais son visage était aussi pâle que ses cheveux châtain terne. Il savait bien qu'il avait perdu. Il savait aussi que je savais et il m'a regardé avec tant de haine que j'en ai tremblé. *Allez, on arrête de perdre notre temps avec ces losers.* Il est parti en rigolant beaucoup trop fort à une blague que Ryan avait faite. Et on s'est retrouvés tous les deux, Sunya et moi, et tout était tellement silencieux que j'ai eu l'impression d'être dans une télé dont quelqu'un aurait coupé le son.

J'avais envie de lui dire *Tu es courageuse,* et *Merci.* Mais surtout, j'avais envie de lui demander si elle avait encore ma bague en Patafix, mais les mots sont restés coincés dans ma gorge comme l'os de poulet que j'ai avalé quand j'avais six ans. Sunya n'avait pas l'air de s'en faire. Elle me regardait en souriant et ses yeux clignaient quand elle a désigné son voile du doigt. Et puis elle est partie en courant.

*

Pour la première fois depuis le départ de maman, je suis content qu'elle ne vive plus avec nous. Le proviseur va appeler ce soir. Il a dit *Nous ne tolérons pas de voleurs à l'école primaire d'Ambleside.* Mme Farmer a enlevé mon ange du premier nuage et l'a remis tout en bas, dans le coin gauche.

C'est arrivé après le déjeuner. Daniel et Ryan se sont plaints qu'on leur avait volé leur montre. Ensuite, c'est Alexandra et Maisie qui ont dit qu'elles ne retrouvaient plus leurs boucles d'oreilles. Au début, je ne me suis pas posé de questions. À Londres, ça arrivait tout le temps que des choses disparaissent. Ce n'était pas la fin de monde. Mais ici, c'est devenu le scoop le plus important de tous les temps. Tout le monde en a eu le souffle coupé. Mme Farmer a bondi sur ses pieds. Le poil de son grain de beauté s'est dressé, aux aguets comme un de ces soldats dans les films de guerre.

Elle a demandé à tous les élèves de la classe de vider leurs tiroirs et de retourner leurs poches. Elle a demandé à tous les élèves de renverser le contenu de leurs sacs d'EPS sur la moquette. Les bijoux disparus sont tombés du mien. Sunya a juré tellement fort qu'elle a dû sortir de la classe. Moi, on m'a envoyé chez le proviseur.

Dieu a toujours un œil sur nous, a dit Mme Farmer pendant qu'on traversait la bibliothèque pour aller dans le bureau du proviseur. *Il peut voir ce que nous faisons même quand nous croyons être seuls.* J'ai pensé au moment où on est aux cabinets et j'ai espéré que ce n'était pas vrai. Mme Farmer a pilé devant l'étagère de la non-fiction et elle s'est retournée pour me regarder. Elle n'arrêtait pas de cligner des yeux et son haleine sentait le café. Elle a dit *Tu me déçois, James Matthews,* en agitant un gros doigt devant mon visage. *Je suis choquée, et déçue. Nous t'avons accueilli dans notre école, dans notre communauté. C'est peut-être le genre de choses qui arrivent à Londres, mais...* J'ai envoyé mon pied dans l'étagère et *L'Électricité à la portée de tout le monde* est tombé sur la moquette. J'ai crié *Ce n'était pas moi. Je n'ai rien fait.* Mme Farmer a pincé les lèvres. *Nous verrons cela.*

Si j'étais un voleur, je ne serais pas assez crétin pour cacher les bijoux dans mon sac d'EPS. Je les mettrais dans mon slip et je les emporterais à la maison. J'ai essayé de faire comprendre ça au proviseur mais c'est mal sorti et je suis passé pour un pervers.

Sunya m'a attendu après les cours. Elle était assise devant le bureau du proviseur. Elle a dit *C'est Daniel qui a fait le coup* et j'ai dit *Je sais.* Tout d'un coup, j'étais énervé. Si elle n'avait pas mis Daniel en colère, il n'aurait pas glissé sa montre dans mon sac de sport et je n'aurais pas de problèmes. Sunya a essayé de dire un truc gentil mais j'ai juste crié *Laisse-moi tranquille* et je suis parti en courant alors que les panneaux précisent bien *Marcher calmement dans les couloirs.*

J'ai couru jusqu'à la maison, j'avais peur que le proviseur n'appelle avant que je sois rentré. Ma frange collait à mon front quand j'ai atteint la porte d'entrée. J'ai ouvert la porte et je me suis protégé la tête comme quand un feu d'artifice est sur le point de faire BOUM, pendant la nuit de Guy Fawkes[1]. Mais tout ce que j'ai entendu, c'était un ronflement. Mes genoux ont cédé tellement j'étais soulagé.

Si papa a bu toute la journée, alors il dormira toute la soirée et je serai le premier à décrocher le télé-

1. Fête célébrée le 5 novembre au Royaume-Uni.

phone. Je pourrai me faire passer pour lui, et il ne saura jamais que le proviseur de ma nouvelle école pense que je suis un voleur. Je prendrai une voix grave et je dirai *Mon fils est digne de confiance. Il est évident que quelqu'un lui a tendu un piège*, et le proviseur dira *Je suis désolé* et je dirai *Pas de problème* et le proviseur dira *S'il y a quelque chose que je puisse faire pour vous* et je dirai *Je passerai l'éponge si vous choisissez James pour l'équipe de football, mercredi.*

*

Quand Jas est rentrée, elle m'a trouvé adossé au mur de la cuisine, à côté du téléphone. J'ai essayé d'avoir l'air naturel, comme si c'était sacrément confortable d'avoir la tête posée contre un mur en pierre, mais ça n'a pas marché. Elle a demandé *Qu'est-ce qui se passe* et j'ai tout déballé. Elle a froncé les sourcils quand je lui ai parlé de Daniel, mais ça l'a fait rigoler quand j'ai dit que j'avais crié *Les hommes ne portent pas de colliers de fleurs.* Ça m'a fait du bien qu'elle soit fière de moi, même si ce n'était pas moi en fait.

Le proviseur n'a même pas remarqué qu'il parlait à ma sœur de quinze ans et non pas à maman. Elle avait une voix tellement adulte au téléphone. Elle dit qu'à moins de trouver un témoin qui m'aurait vu mettre les bijoux dans mon sac de sport, il était injuste de me punir. J'ai entendu le proviseur balbutier. Elle a dit que tant qu'on ne pouvait pas écarter avec certitude l'éventualité que j'aie été victime d'un piège tendu par un autre camarade de classe, il n'était pas juste de me mettre en retenue. Le proviseur n'a même pas répondu. Elle a dit *Merci beaucoup de m'avoir avertie de ce problème, mais je suis absolument certaine que James est innocent*, et le proviseur lui a répondu *Merci de m'avoir accordé un peu de temps, madame Matthews,* et Jas a dit *Au revoir* et elle a raccroché. On a éclaté de rire, tous les deux. On ne pouvait plus s'arrêter, et après on a dîné. On a mangé devant la télé, des nuggets de poulet et des frites réchauffées au micro-ondes. Jas n'a pas mangé alors j'ai eu une double portion. Elle a dit *Tu ne pourras jamais finir tout ça,* mais je ne l'ai pas écoutée. Je mange plus que toutes les personnes que je connais, d'ailleurs, dans les endroits où on sert la pizza à volonté, je peux en avaler treize parts, quinze sans les croûtes. Jas a dit *T'es vraiment un porc* mais moi j'ai dit *Chut.* Ils passaient de nouveau cette pub pour le Plus Grand Show pour Jeunes Talents de Grande-Bretagne à la télé et ça m'avait fait réfléchir.

7

Une voiture s'est arrêtée juste devant le cottage et j'ai tout de suite su que maman était assise dedans. J'avais entendu quelque chose gronder en bas, dans la rue, mais je m'étais interdit de sauter de mon lit. J'avais trop souvent couru à la fenêtre pour découvrir que maman était en fait un laitier chargé de bouteilles, un fermier dans un tracteur ou des voisins qui rentraient du travail. Je ne me sentais pas d'affronter ça une fois de plus. Mais cette fois la voiture n'a pas dépassé la maison en vrombissant. Cette fois, elle s'est vraiment engagée dans notre allée. Sans doute M. Walker avait-il enfin permis à maman de prendre quelques jours de congé. J'ai sauté de mon lit, j'ai lissé mon tee-shirt et j'ai craché dans ma main avant de la passer dans mes cheveux. Maman déteste conduire mais elle avait quand même avalé aussi vite que possible les millions de kilomètres d'autoroute sombre parce qu'elle avait tellement hâte de me voir.

J'ai couru jusqu'à la porte, Roger sur mes talons. J'étais sur le point de tourner la poignée quand j'ai entendu craquer le plancher. Jas traversait le palier sur la pointe des pieds tout en pouffant de rire dans son téléphone portable. Elle a dit *Je ne peux pas croire que tu sois là.* J'ai attendu qu'elle frappe à ma porte pour me dire *Maman est garée dehors*, mais elle est passée sans s'arrêter et elle a disparu dans l'escalier.

Je l'ai suivie. Roger n'arrêtait pas de s'enrouler autour de mes chevilles, tout excité que je sois levé en pleine nuit. Je n'arrivais pas à marcher alors je l'ai soulevé et il s'est mis à ronronner. Je l'ai serré contre ma poitrine et je me suis glissé derrière Jas. Ce n'est qu'arrivé en bas des marches que j'ai réalisé que je retenais mon souffle et que mes poumons me faisaient mal. Jas se tenait sous le porche, sa silhouette se découpait sur la vitre de la porte. Elle enlaçait maman, qui avait enfoui son visage dans l'épaule de Jas.

Grand-mère dit que les gens deviennent verts quand ils sont jaloux. Je ne crois pas que ce soit vrai. Le vert, c'est calme. C'est frais. Le vert, c'est propre et froid, comme du dentifrice à la menthe. La jalousie, c'est rouge. Ça brûle les veines et ça met le feu à l'estomac.

Je me suis baissé vers la fente de la boîte aux lettres. Roger se tortillait dans mes bras alors je l'ai déposé par terre et il a filé dans le couloir. Jas et maman ont commencé à se balancer, comme si elles profitaient d'une toute dernière chanson, en boîte de nuit, mais que je n'entendais pas la musique. De l'air froid s'est engouffré dans l'entrée quand j'ai ouvert la boîte aux lettres. Il y avait une odeur de fumée. La pipe de Nigel.

Je ne peux pas croire que tu sois là, a soufflé Jas. *C'est une surprise géniale.* Il y a eu un bruit de baiser et j'ai imaginé maman en train de poser ses lèvres sur la joue de Jas. J'ai louché à travers la fente de la boîte aux lettres mais tout ce que j'ai pu voir c'est une personne qui portait un manteau. J'ai dû me retenir d'y passer les doigts pour toucher le tissu noir. J'avais peur que maman ne disparaisse de nouveau. *Tu ne peux pas rester longtemps,* a dit Jas en pouffant. *Si papa s'en aperçoit, il va me tuer.* Il y a eu un autre bruit de baiser. Jas a dit *Il faut que tu partes.* J'ai attendu le *Mais d'abord je veux dire bonjour à Jamie,* mais il n'est pas venu. Je me suis penché en avant et j'ai vraiment tendu l'oreille, j'étais glacé. Jas allait garder maman pour elle toute seule, comme un secret.

Jas a grogné *Allez, il faut que tu y ailles* et je me suis levé d'un bond. Maman ne pouvait pas partir sans avoir vu mon tee-shirt. Mon sang battait la mesure dans mon cœur, dans ma tête et dans cet endroit tendre de la nuque qui fait BOUM BOUM BOUM, comme une de ces fanfares de fête foraine. Jas s'était écrasée contre la porte d'entrée. Elle a dit *Oh, bébé,* ce qui était un truc un peu bizarre à dire à maman, mais je n'ai pas eu le temps de m'en inquiéter parce que ma main avait jailli et était en train de tourner la poignée.

Jas est tombée en arrière, sur le tapis de l'entrée, et j'ai ouvert la bouche pour dire *Traître.* Mais aucun mot n'est sorti de ma bouche parce que cette fois maman n'était pas un fermier ni un laitier, ni un voisin qui rentrait du travail. Elle était un garçon avec des cheveux verts coiffés en brosse, un piercing dans la lèvre et une veste en cuir noir. J'ai fermé la bouche. Je l'ai ouverte et refermée comme cela plusieurs fois et le garçon a dit *On dirait un poisson.* J'ai répliqué *C'est toujours mieux qu'un hérisson vert,* ce qui est à peu près la chose la plus drôle que j'aie jamais dite. Le garçon a rigolé et ses *Ha ha* avaient une odeur de cigarette. Il a dit *Moi, c'est Leo* et il a tendu la main comme si j'étais quelqu'un d'important. Je l'ai serrée en essayant d'avoir l'air de savoir très bien ce que je faisais. J'ai répondu *Jamie.* Je ne savais pas quand il fallait que je lâche sa main mais il l'a fait avant moi et la mienne est retombée sur mon flanc. Je sentais chacun de mes doigts.

Jas avait observé toute la scène depuis le tapis de l'entrée. J'ai souri, content qu'elle ne soit pas un traître. Elle a dit *Petit salaud sournois.* Ses yeux semblaient immenses quand ils n'étaient pas recouverts de maquillage noir. Elle n'arrêtait pas de jeter des coups d'œil vers les escaliers, mais nous savions tous les deux qu'il gisait à moitié évanoui dans son lit.

Leo a tiré Jas par la main et elle s'est remise debout. Il était grand, fort et parfait. La tête de Jas lui arrivait aux aisselles et il a passé un bras autour de ses épaules. Jas a chuchoté *Tu ne dis rien* en collant son corps contre celui de Leo. Je me suis senti un peu bizarre jusqu'à ce que Roger vienne se frotter contre mes jambes. Je l'ai soulevé et je l'ai serré contre moi.

Ils ont commencé à s'embrasser. Je les ai regardés pendant à peu près quinze secondes avant de me souvenir de grand-mère qui disait *C'est mal élevé de fixer les gens.* Du coup je suis reparti comme si c'était la routine de voir ma sœur embrasser des garçons dans le couloir à minuit douze. La lune éclairait la cuisine, il n'y avait aucune couleur. C'était comme d'être dans les yeux de Mme Farmer. J'étais furieux qu'elle m'ait accusé d'être un voleur. Je n'ai jamais rien volé de ma vie, hormis un grain de raisin au supermarché, quand je faisais les grandes courses avec maman. À un moment où elle ne me surveillait pas, j'ai arraché un grain d'une grappe, je l'ai mis dans ma bouche et je l'ai écrasé avec ma langue pour que maman ne voie pas que j'étais en train de mâcher, sinon elle aurait deviné ce que j'avais fait.

Roger a bondi de mes bras. J'ai ouvert la porte de derrière et j'ai avancé dans le jardin. L'herbe était glaciale sous mes orteils et l'air picotait ma peau. Des millions d'étoiles étincelaient au-dessus de ma tête, comme les diamants de la bague de fiançailles de maman. Je parie qu'elle ne la porte plus. J'ai levé les yeux au ciel et j'ai levé mon majeur, juste au cas où Dieu aurait été en train de me regarder. Je n'aime pas qu'on m'espionne.

La lune se reflétait dans la fourrure de Roger et il est parti en rampant, sans doute pour aller tuer une souris ou quelque chose d'autre. J'ai essayé de ne pas penser à la fourrure du petit corps qu'il avait déposé sur le pas de la porte. J'ai marché jusqu'à la mare et j'ai fixé l'eau mais tout ce que j'ai pu voir, c'était ce petit animal gris, tout froid, tout raide et tout mort. J'étais bien content que Rose ait explosé en mille morceaux. J'aurais détesté penser à elle sous la terre, surtout par une nuit aussi froide que celle-ci.

Il y a eu un plouf. Je me suis agenouillé et je me suis penché jusqu'à ce que mon nez touche l'eau noire. Quelque part, entre ces plantes qui flottaient et les algues qui tourbillonnaient, il y avait un poisson rouge. Je le savais. Ses écailles aux reflets argentés sont exactement de la même couleur que mes cheveux et je me suis servi du même crayon de couleur pour nous dessiner, tous les deux, dans mon carnet de croquis. J'ai regardé des tas de fois dans la mare, mais je n'ai jamais vu d'autre créature. Le poisson est tout seul. Je sais exactement ce qu'il ressent.

*

Mardi matin, enfin, papa s'est levé pour le petit déjeuner. Il était resté au lit pendant seize heures et il sentait la sueur et l'alcool. Il n'a rien mangé mais il a fait du thé alors j'en ai pris une tasse, même si je n'aime pas beaucoup ça. Jas a bâillé trois fois pendant qu'elle lisait son horoscope. *Pourquoi es-tu si fatiguée,* a demandé papa et Jas a haussé les épaules mais elle m'a fait un clin d'œil. J'ai souri dans mes Coco Pops et j'ai espéré que Leo reviendrait nous voir bientôt.

Il pleuvait, dehors. Jas a demandé s'il pouvait nous emmener en voiture. Papa a dit d'accord et il nous a conduits jusqu'à l'école en pantoufles. J'ai eu peur qu'il ne voie Sunya mais tous les enfants étaient cachés sous des capuches ou des parapluies alors on ne pouvait pas les différencier les uns des autres. Quand j'ai sauté de la voiture, Jas m'a tendu un imperméable et m'a dit de ne pas me mouiller. Elle a dit *Tu vas attraper froid si tu portes un tee-shirt mouillé toute la journée.*

Je suis entré dans la classe et pour une fois je n'étais pas en retard. Mme Farmer n'était même pas arrivée. Sunya était assise à notre table, elle dessinait. Sa main gauche était recouverte d'encre et elle en avait aussi sur le bout du nez. J'ai eu envie de lui parler mais papa m'avait emmené à l'école et il m'avait même dit *Passe une bonne journée.* Cela me semblait méchant de parler à une musulmane alors qu'il essayait d'être gentil avec moi.

Ç'avait commencé dans un chuchotement mais de plus en plus d'élèves s'y sont mis. Ils répétaient sans arrêt ces mots, de plus en plus fort. *Voleur. Voleur. Voleur voleur voleur.* Daniel se tenait debout au milieu du groupe comme un chef d'orchestre. J'ai regardé Sunya, j'espérais qu'elle viendrait à ma rescousse. Son feutre rouge faisait des allers-retours et encore des allers-retours. Elle n'a même pas levé les yeux.

Mme Farmer est entrée dans la classe. La chanson s'est arrêtée d'un coup mais elle avait dû l'entendre depuis le couloir. Je m'attendais à ce qu'elle les gronde mais elle m'a jeté un coup d'œil comme pour me dire que c'était tout ce que je méritais. Elle a demandé qui se portait volontaire pour aller chercher le cahier des absences et Daniel a été le premier à lever la main. Elle lui a adressé un sourire et le visage de Daniel s'est gonflé d'orgueil. L'ange de Daniel a sauté sur le sixième nuage.

Pendant la récréation, il pleuvait tellement que nous avons été obligés de rester à l'intérieur. J'ai tué cinq minutes assis sur les toilettes, trois minutes à regarder les écrans d'art, dans le couloir, et quatre minutes à prétendre que j'avais mal à la tête. L'infirmière de l'école m'a renvoyé avec une serviette en papier mouillée sur le front. J'étais de retour dans la classe depuis deux minutes à peine quand Mme Farmer est revenue de la salle des professeurs. C'était suffisamment long pour que la chanson reprenne, mais pas assez long pour que ça dégénère vraiment.

Environ à la moitié du cours d'histoire, la pluie a cessé de battre sur les fenêtres et s'est transformée en bruine. J'ai essayé de me concentrer sur le cours mais c'était difficile et je n'ai pas fait ma plus belle écriture, comme dit Mme Farmer. J'ai décrit la vie d'un ramoneur mais je n'ai noté que trois phrases car j'étais inquiet. J'avais peur de me faire casser la figure si on devait sortir à l'heure de la récréation.

À la fin du cours, la grosse dame de la cantine est entrée dans notre classe avec son sifflet. Elle a dit *Vous avez le droit d'aller dans la cour* et tout le monde s'est réjoui à part moi.

Cela a commencé dès que j'ai été dehors. Ils couraient à toute allure en tournant autour de moi, et tout d'un coup j'ai compris pourquoi grand-mère disait que les cercles pouvaient être vicieux. Chaque fois que j'essayais de me frayer un passage, une paire de mains me repoussait à l'intérieur du cercle. Ils tapaient des pieds. Ils tapaient des mains. Ils chantaient plus fort que jamais. J'ai cherché des yeux la dame de la cantine. Elle se trouvait de l'autre côté de la cour, en train de crier sur des garçons qui marchaient dans l'herbe mouillée. J'ai cherché Sunya des yeux et j'ai vu un voile blanc sautiller sur les escaliers. Il a disparu en haut, dans la pièce à côté de notre classe. Elle était partie.

Mes doigts ont trouvé mes oreilles. J'ai fermé les yeux. Mon tee-shirt me semblait dix fois trop grand, tout d'un coup, les manches claquaient autour de mes bras. Je n'étais pas courageux. Je n'étais pas Spiderman. Et j'étais bien content que maman ne puisse pas me voir.

Ryan a été le premier à se lasser. Il m'a donné un coup dans le tibia et m'a dit *À plus tard, loser.* Il est parti et tout le monde l'a suivi. Dix secondes plus tard, il ne restait plus que Daniel. Il a dit *Tout le monde te déteste* pendant que je fixais le sol. Il a écrasé mon pied et m'a craché au visage en sifflant *Va-t'en de notre école, retourne à Londres.* J'aurais bien aimé. J'aurais voulu partir à cette seconde même, si j'avais été sûr que maman serait contente de me voir. Il a répété *Retourne à Londres,* comme si c'était si simple. Comme si j'étais le bienvenu, là-bas.

Une fille avec des nattes a tapé sur l'épaule de Daniel. Elle a dit *Mme Farmer aimerait te parler dans la salle de classe* tout en suçant une sucette rose. Il a demandé *Pourquoi* et elle a répondu *Elle me l'a pas dit.* Il a haussé les épaules et il est parti. J'ai essuyé sa bave de mon visage. C'était fini. Je me suis assis sur un banc et je me suis efforcé d'arrêter de trembler. Daniel a demandé à la grosse dame de la cantine s'il pouvait entrer et elle a hoché la tête. Je l'ai regardé grimper les marches et disparaître derrière la porte.

Après le déjeuner, Mme Farmer nous a demandé de nous asseoir sur la moquette. J'avais mal partout mais j'ai essayé d'avoir l'air de rien. Sunya s'est assise en dernier, ses yeux brillaient encore plus que d'habitude. Même si j'étais tout derrière, elle a enjambé tout le monde pour venir s'asseoir juste à côté de moi. Quelque chose la faisait sourire mais je ne comprenais pas quoi. Quatre cheveux s'étaient échappés de son voile, elle les a enroulés autour de ses doigts pleins d'encre rouge.

Des puzzles de chiffres étaient apparus sur le tableau interactif blanc. J'ai fixé Daniel. Il ne semblait pas spécialement embêté, j'en ai déduit qu'il n'avait sûrement pas eu d'ennuis avec Mme Farmer. Maisie a répondu à une question difficile et Mme Farmer s'est dirigée vers l'affiche collée au-dessus de son bureau. Les doigts de Sunya ont cessé de bouger. Elle semblait retenir sa respiration. Mme Farmer a dit *Très bonne réponse* en attrapant son ange. *Tu fais un pas de plus vers...* Là, Mme Farmer a poussé un cri et tout le monde a tressailli. Sa main est restée suspendue en l'air. Sa bouche était grande ouverte. Ses yeux étaient fixés sur quelque chose, au mur.

Collées sur le coin gauche de l'affiche, il y avait cinq nouvelles lettres rouges : ENFER. Et au milieu de l'enfer, il y avait une image du démon, soigneusement accompagnée d'une légende rédigée dans une écriture bien régulière. « Mme Farmer ».

Qui a fait ça, a dit Mme Farmer. Sa voix était à peine plus qu'un chuchotement. Elle avait le regard collé au démon. Moi aussi, d'ailleurs. C'était génial. Il avait des cornes pointues et des yeux diaboliques et une longue queue. Il était d'un rouge lumineux, sauf ce cercle marron sur son menton pointu, qui ressemblait étrangement à un grain de beauté.

Personne n'a parlé et Mme Farmer a précipitamment quitté la pièce. Moins de deux minutes plus tard, elle revenait avec la grosse dame de la cantine et le proviseur très élégant dans son costume noir, avec ses chaussures brillantes et sa cravate en soie. *Cela a dû se passer pendant l'heure du déjeuner,* a dit Mme Farmer en respirant fort par le nez. Le proviseur a demandé à la dame de la cantine *Est-ce que quelqu'un a quitté la cour* en jetant un coup d'œil dans ma direction. La dame de la cantine a tripoté son collier en détaillant chacun de nos visages. Le bras de Sunya tremblait un peu. Tout d'un coup, la dame a hoché la tête. *C'est lui, monsieur le proviseur.* Et elle a désigné Daniel.

Le proviseur a dit *Viens avec moi, jeune homme* mais Daniel n'a pas bougé. Il était tout pâle, il a protesté *C'est Mme Farmer qui m'a demandé d'aller la voir. C'est pour ça que je suis rentré.* Le proviseur a demandé à Mme Farmer si c'était vrai. Elle a secoué la tête. Daniel a explosé *Demandez-lui* et sa main a volé dans ma direction. *Jamie était là quand on est venu me chercher.* Il y a eu un tout petit mouvement, un coup de coude imperceptible de Sunya, et tout d'un coup j'ai tout compris. La voix de Daniel était devenue suppliante. Il avait peur. *Dis-leur, Jamie. Dis-leur ce que m'a dit cette fille avec les nattes.* Pour la première fois de la journée, je l'ai regardé droit dans les yeux. *Je suis désolé, Daniel, mais je ne sais pas de quoi tu parles.*

Comme Mme Farmer était trop bouleversée pour nous faire cours, la grosse dame de la cantine nous a lu des histoires. Quand ç'a été l'heure de rentrer à la maison, tout le monde a couru hors de la classe. Tout le monde, sauf Sunya. J'avais envie de dire quelque chose mais je ne savais pas par où commencer, alors j'ai juste ouvert ma trousse pour m'assurer que tous les crayons étaient bien rangés dans le même sens.

Une fois qu'il n'y a plus rien eu à faire, j'ai levé les yeux et j'ai vu Sunya qui suçait une sucette rose. C'était exactement la même que celle de la fille qui avait dit à Daniel de rentrer. Sunya a dit *Corruption* en haussant les épaules, comme si son idée avait été simple et non pas le numéro un de tous les meilleurs plans du monde entier et probablement de cet univers dont Mme Farmer dit qu'il continue éternellement, sans jamais s'arrêter.

J'ai hoché la tête et ma tête s'est mise à tourner, j'ai eu peur et j'ai eu le vertige, tout en même temps, comme quand on est sur le point de monter sur les montagnes russes. Sunya a mis la main dans sa poche et elle en a ressorti deux bagues de Patafix bleue. L'une des deux était surmontée d'une pierre marron, l'autre d'une pierre blanche. Elle s'est approchée de moi sans un mot, ses yeux illuminant mon visage comme deux projecteurs. D'un air sérieux, elle a passé la bague marron sur son majeur et m'a tendu la blanche. J'ai hésité pendant à peu près une milliseconde avant de la passer à mon doigt.

8

Dans les flaques d'eau, les feuilles ressemblent à des poissons rouges morts. Tout ce qui était vert est devenu marron et violet, comme si les montagnes étaient couvertes de bleus. J'aime le monde comme ça. L'été est un peu trop lumineux pour moi. Un peu trop joyeux. Les fleurs dansent et les oiseaux chantent comme si la nature célébrait une grande fête L'automne, c'est mieux. Tout est un peu plus morne, on ne se sent pas exclu de toute cette joie.

C'est presque la fin octobre, ce qui est à peu près ma période favorite de l'année. De toutes les fêtes comme Noël et Pâques, Halloween est ma préférée. J'adore me déguiser et j'adore recevoir des bonbons et je suis assez bon pour jouer des tours. Maman ne voulait pas que j'achète des farces et attrapes quand j'étais petit alors j'ai dû improviser. Elle disait *Tout le monde va donner des friandises, personne ne va te demander de faire une farce,* ce qui était le plus gros mensonge qu'elle ait jamais dit, si on ne compte pas celui avec papa. Le jour du troisième anniversaire de la mort de Rose, papa s'est soûlé et il s'est énervé contre maman. La même rengaine que d'habitude au sujet de Trafalgar Square et des pigeons et du fait que si elle avait été un peu plus sévère, peut-être que cela ne serait jamais arrivé. Maman était en train de peindre dans la cuisine mais elle n'arrivait sûrement pas à distinguer les couleurs à travers ses larmes parce qu'elle s'est trompée, elle a peint un cœur tout noir. Je le lui ai montré, alors elle m'a donné un pinceau et j'ai entouré le cœur du rouge le plus vif que j'ai trouvé. Une fois que j'ai eu fini, je lui ai demandé *Est-ce que vous allez casser, papa et toi.* Maman a reniflé. Elle a marmonné *Nous sommes déjà cassés.* J'ai égoutté mon pinceau dans l'évier et j'ai demandé *Est-ce que ça veut dire non* juste pour être sûr. Maman a fait une pause avant de hocher la tête. Donc le plus gros mensonge, c'était celui-là, mais celui sur Halloween était presque aussi grave car du coup je ne m'étais pas préparé et ça, ç'a été vraiment embarrassant.

Quand le voisin qui fait peur, celui qui a un bouledogue, m'a répondu *Farce,* je n'ai pas su quoi faire. Il a dit *Est-ce que tu es sourd* et comme je secouais la tête il a dit *Eh bien, fais-moi une farce, alors.* Il a dit le mot qui commence par un M et le bouledogue a aboyé quand je suis parti en courant. Je n'ai pas osé aller voir d'autres maisons, cette année-là, parce que j'avais peur que ça ne se reproduise. L'année d'après, comme je ne voulais pas passer de nouveau à côté de tous ces bonbons, j'ai inventé des blagues moi-même.

Cette année, Halloween sera mieux que toutes les autres années. Sunya a plus d'imagination que la personne la plus douée d'imagination que je connaisse, et qui, en ce moment, est Willy Wronka. Je n'en reviens toujours pas de sa blague avec le diable. Personne n'a jamais découvert que c'était elle et Daniel a été suspendu pendant trois jours. Son ange a été enlevé de l'affiche et jeté dans la poubelle pour le recyclage.

Je ne savais pas que les musulmans célébraient Halloween. J'ai dit à Sunya *Je croyais que c'était un truc de chrétiens,* ce qui l'a fait rigoler et le truc avec Sunya, c'est qu'une fois qu'elle a commencé à rire, elle ne peut plus s'arrêter et on ne peut pas s'empêcher de rire aussi. On était là, assis sur notre banc, dans la cour, morts de rire, et je ne savais même pas ce qui était drôle. Elle a dit *Halloween, c'est une tradition britannique qui n'a rien à voir avec le fait d'être chrétien.* J'ai failli dire *Et alors pourquoi tu le fêtes, toi* parce que j'oublie toujours qu'elle est née en Grande-Bretagne.

*

Elle a dit *Comme on se retrouve, Spiderman* et j'ai répliqué *Combien de personnes as-tu sauvées aujourd'hui, Girl M.* Elle a fait semblant de compter sur ses doigts puis elle a haussé les épaules, *Neuf cent trente-sept. Une journée calme.* On a commencé à ricaner. *Et toi, Spiderman.* Je me suis gratté la tête. *Huit cent treize,* j'ai dit. *Mais j'ai commencé tard et j'ai terminé tôt.* On a éclaté de rire. On se fait la même blague tous les jours et on ne s'ennuie jamais de la vie.

Ça m'a fait bizarre de voir Sunya en dehors de l'école, pendant ce week-end. Elle était assise sous un marronnier, il y avait un drap blanc posé près d'elle et elle avait un sac en plastique dans les mains. J'ai scruté les arbres avant de m'asseoir à côté d'elle. Ils étaient orange et ratatinés comme de vieux bonshommes qui seraient restés trop longtemps au soleil. Papa était sorti chercher de l'alcool loin de la forêt mais j'étais quand même un peu tendu.

J'avais failli ne pas venir. C'est une chose d'être ami avec une musulmane à l'école, mais c'en est une autre de se donner rendez-vous avec une musulmane pendant le week-end. Sunya m'avait proposé d'aller ensemble faire la tournée des « Farce ou friandise » et j'avais dit oui sans me poser de questions sur papa. Je ne pensais qu'au nombre de bonbons que nous allions recevoir et aux farces que nous allions faire et au fait que ce serait tellement mieux que tous les Halloweens de Londres car cette fois, je ne serais pas tout seul. Mais ce matin, en volant des bandages pour me déguiser en momie, je me suis senti coupable. On a mangé nos céréales devant la télé, une femme qui avait la même couleur de peau que Sunya a récité les nouvelles et papa a dit *Ces satanés Pakistanais de la BBC*, comme si c'était quelque chose de mal. Avant de pouvoir me retenir, j'ai répliqué *Peut-être qu'elle ne vient pas du Pakistan.* Les sourcils de Jas ont disparu sous sa frange rose. Papa a changé de chaîne. On est tombés sur un dessin animé. *Qu'est-ce que tu as dit.* Sa voix était calme mais les articulations de ses doigts étaient blanches tellement il écrasait la télécommande. J'ai toussoté. *Qu'est-ce que tu as dit, James.* Jas a posé un doigt sur sa bouche pour me dire de la fermer. Son visage était très pâle alors qu'elle ne portait même pas son maquillage blanc. *Rien*, j'ai dit. Papa a hoché la tête. Il a dit *C'est bien ce qui me semblait* et il a hoché la tête en direction de l'urne.

Je me suis calmé quand Sunya a passé le drap blanc sur sa tête. Elle avait percé des trous pour les yeux et une ouverture en forme de saucisse pour la bouche, on ne voyait pas sa peau à travers les interstices. J'ai dit *Il est cool, ton déguisement* et elle a dit *Le tien aussi.* Le mien était un peu bizarre, il n'y avait plus suffisamment de bandage alors j'avais dû terminer avec du papier toilette rose. J'ai dit *J'espère juste qu'il ne pleuvra pas* et elle a ricané *Sinon tu vas te désintégrer.*

Trois heures plus tard, on avait sonné à toutes les portes qu'on avait trouvées et on était à la tête de deux sacs pleins de bonbons. On s'est assis sous le marronnier pour manger nos trucs. Tout était noir à part le ciel qui scintillait d'un million d'étoiles. Elles ressemblaient à de minuscules bougies et, pendant une milliseconde, je me suis demandé si c'était Sunya, moi et notre pique-nique spécial d'Halloween qui les faisaient briller comme ça. J'avais des points de côté à force de rigoler, c'était sans doute la plus chouette journée de ma vie. J'ai eu envie de le dire à Sunya mais j'ai eu peur qu'elle ne me trouve débile, alors j'ai juste dit *Ah, la tête du monsieur* et on s'est de nouveau écroulés de rire. Il avait été le dernier à dire *Farce* et j'avais sorti le pistolet à eau que je cachais derrière mon dos. L'homme s'est baissé mais, bien sûr, rien n'est sorti du pistolet. Sunya appelle ça un leurre, un truc pour distraire le monsieur pendant qu'elle faisait la vraie bêtise. Elle a jeté une boule puante dans sa maison. L'homme n'a rien vu puisque ses yeux étaient fermés à cause de l'eau qu'il s'attendait à recevoir. Sunya a crié *Je t'ai eu* et l'homme nous a claqué la porte au nez mais on n'est pas partis. On s'est approchés de la fenêtre de son salon sur la pointe des pieds et on l'a regardé s'installer dans son canapé. Une minute plus tard, son nez s'est mis à remuer. Dix secondes plus tard, il renversait la tête en arrière pour mieux renifler. Encore dix secondes plus tard, il regardait sous ses chaussures comme s'il craignait d'avoir marché dans une crotte de chien. Sunya a posé sa main sur mes lèvres car je riais trop fort et même si ses doigts étaient glacés, j'ai eu l'impression que mes lèvres prenaient feu.

La bouche pleine de bonbons, elle m'a demandé *Pourquoi tu mets ça.* Je lui ai répondu *Parce que je suis une momie. Les momies portent des bandages mais comme je n'en avais plus, j'ai dû...* Sunya a secoué la tête. Elle a dit *Pas ça* en montrant du doigt le papier toilette. *Ça.* Ses doigts ont touché le tee-shirt de Spiderman. J'ai dit *Je suis un superhéros. Je combats le crime.* Elle a soupiré et son souffle avait l'odeur des bouteilles de Coca. Je pouvais voir ses yeux brillants-brillants à travers les trous du drap, ils étincelaient plus que toutes les étoiles dans le ciel. Elle a dit *Mais en vrai, pourquoi tu le portes.* Elle a remonté ses jambes contre sa poitrine et a posé son menton sur ses genoux. Elle suçait tranquillement sa sucette, comme si elle avait tout le temps d'écouter mon histoire. J'ai bien essayé de parler mais rien n'est sorti.

Quand on a quitté Londres, papa a passé près d'une heure à essayer de pousser son armoire à travers la porte de la chambre à coucher. Il l'a d'abord penchée, puis il l'a carrément retournée. Il l'a tournée d'un côté puis de l'autre mais rien à faire, elle ne passait pas. Les mots Maman, Aventure, Papa et Boire étaient exactement comme cette armoire – trop grands pour passer. Je pouvais les tourner dans tous les sens que je voulais, ils restaient bloqués entre mes dents.

Sunya avait presque terminé sa sucette quand j'ai dit *Je l'aime bien, c'est tout.* Pour changer de sujet, j'ai lancé *Et toi, pourquoi tu portes ce foulard sur ta tête* et elle a dit *Hijab*, alors j'ai dit *Il quoi* et elle a dit *Ça s'appelle comme ça. Un hijab.* Alors j'ai répété le mot, plein de fois. J'aimais bien comment il sonnait. Et d'un coup je me suis demandé ce que penserait papa s'il me voyait assis sous un marronnier avec une musulmane déguisée en fantôme qui me chuchotait des mots musulmans dans le noir. Et là, j'ai su très exactement ce qu'il dirait et d'ailleurs c'était comme s'il était devant moi en train de le dire, avec son visage tout chamboulé, ses yeux pleins de larmes et l'urne qui tremblait dans sa main.

Je me suis levé. Ces bonbons me rendaient malade. Je n'avais mangé qu'un quart de mon sac mais je l'ai laissé tomber sur les genoux de Sunya. *Prends-les,* j'ai dit. *Il faut que je rentre à la maison.* Je suis descendu vers la route en arrachant les bandages de mon visage et en déchirant le papier toilette. Une partie de moi voulait ne plus jamais revoir Sunya mais la plus grande partie de moi voulait qu'elle me coure après et qu'elle me dise *Qu'est-ce qui ne va pas.* Je suis arrivé à un tournant. Cinq pas de plus et je disparaissais de sa vue. J'ai ralenti et j'ai essayé de ne pas regarder en arrière mais mon cou ne répondait pas à mon cerveau. Ma tête s'est tournée sans que je m'en rende compte et j'ai vu Sunya qui se dépêchait de me rejoindre.

Elle m'a demandé *Est-ce que tu as peur, Spiderman. Les superhéros ne partent pas en courant comme ça, d'habitude.* Une fois qu'elle est arrivée à ma hauteur, j'ai commencé à marcher plus vite, comme si je voulais partir. D'ailleurs, c'est bien ce que je voulais, mais en même temps je ne le voulais pas. J'ai dit *Je n'ai pas peur. Je suis en retard. Papa m'a demandé d'être rentré à huit heures.* Sunya m'a rendu mon sac. Elle a dit *Tu es le pire menteur de la Terre. Est-ce que tu veux échanger tes bouteilles de Coca contre mes ours en chocolat.* Mais tout d'un coup des phares ont balayé le coin de la rue et j'ai tout de suite reconnu la voiture. J'ai attrapé la main de Sunya et j'ai essayé de l'attirer à l'abri. Papa a ralenti. Mon pouls s'est emballé. Il n'y avait pas de maisons, pas de murs, nulle part où se cacher. Sunya m'a demandé *Qu'est-ce qui se passe,* j'ai eu envie de crier *COURS* mais c'était trop tard. Les pneus ont grincé, la fenêtre a bourdonné et la voiture s'est arrêtée juste à côté de moi.

Papa s'est penché par la fenêtre et m'a dévisagé. J'ai lâché la main de Sunya et j'ai vite déclamé *Friandise ou farce* en tendant les bras comme si j'étais un zombie et en faisant une grimace de mort-vivant. J'ai répété *Friandise ou farce friandise ou farce friandise ou farce* en chantonnant, je voulais absolument distraire papa. Sunya avait toujours son drap sur la tête et si papa n'y regardait pas de trop près, peut-être qu'il ne se rendrait pas compte qu'une musulmane se cachait sous son déguisement.

Il m'a demandé *Qui est ton ami* en avalant ses mots et Sunya a répondu avant que je n'aie le temps d'inventer un nom à consonance anglaise. Elle a dit *Je m'appelle Sunya* et papa a carrément souri avant de dire *Je suis ravi de faire ta connaissance.* Son haleine sentait la bière. Il a ajouté *Est-ce que tu es une amie d'école de James,* et Sunya a répondu *Nous sommes dans la même classe et d'ailleurs nous sommes assis l'un à côté de l'autre. Nous partageons des bonbons et des secrets.* Papa a eu l'air surpris mais content. Il s'est moqué d'elle en disant *J'espère aussi que vous travaillez un peu,* et Sunya a rigolé avant de répondre *Bien sûr, monsieur Matthews.* Moi, j'avais les yeux comme des soucoupes à force de regarder papa sourire à une musulmane et lui proposer de la ramener chez elle.

On a attaché nos ceintures. La mienne m'écrasait la poitrine, j'avais chaud. Si les parents de Sunya étaient devant la maison ou alors si leurs rideaux étaient ouverts ou encore s'ils sortaient pour le remercier, papa verrait leur peau brune et il deviendrait fou. Il a fait une embardée sur la route et je n'arrêtais pas de penser à ces pubs « Boire ou conduire », à la télé, dans lesquelles tout le monde finit mort. J'ai eu mauvaise conscience d'avoir laissé monter Sunya alors que papa avait manifestement dépassé ses limites. Mais elle a continué à manger des bonbons en papotant et j'entendais son sourire dans sa voix, comme si tous les mots qu'elle prononçait avaient un visage souriant. Elle a dit qu'elle avait passé toute sa vie dans la région des lacs, que son père était médecin et sa mère vétérinaire, qu'elle avait un grand frère au lycée et un autre grand frère à l'université d'Oxford. Papa a eu l'air impressionné, il a dit *Voilà une famille intelligente.* Là, Sunya a dit *C'est cette maison, sur la droite* et on s'est rangés devant un grand portail. Il y avait de la lumière derrière les rideaux, mais personne dans l'allée.

Merci de m'avoir raccompagnée, a dit Sunya en sautant de la voiture avec le sac en plastique qui se balançait dans sa main. Je ne voyais que ses doigts sombres et j'ai prié comme jamais dans ma vie pour que papa ne les remarque pas. Mais il s'est contenté d'adresser un sourire à Sunya en disant *Quand tu veux, trésor* et Sunya est partie en courant, son drap blanc flottant au vent.

Papa a fait demi-tour et il s'est éloigné de la maison de Sunya. J'ai regardé par la fenêtre arrière et j'ai vu Sunya disparaître derrière le portail. Papa m'a jeté un coup d'œil dans le rétroviseur. *C'est ta petite amie.* J'ai rougi et j'ai dit *Non,* et papa a rigolé et il a dit *Tu aurais pu faire pire, fiston. Sonia a l'air très sympa.* Et tout d'un coup j'ai eu envie de crier *SON NOM EST SUNYA ET ELLE EST MUSULMANE,* juste pour voir ce qu'il ferait. Car je savais très bien que si papa avait vu Sunya recouverte de son hijab plutôt que d'un drap, il n'aurait jamais pensé que c'était une fille sympa.

9

Ce matin on a eu bibliothèque et j'ai regardé un livre d'histoire qui disait que les dames d'autrefois restaient à la maison pour veiller sur leurs enfants. Elles n'avaient pas de travail et ne quittaient jamais leurs maris parce que le divorce était difficile à obtenir et trop cher. Au moment où je me disais que j'aurais vraiment aimé vivre à l'époque victorienne, j'ai senti une main dans mon dos. J'ai tout de suite pensé que c'était Daniel alors j'ai crié *Madame Farmer* malgré la pancarte qui indique « Chut, nous sommes dans une bibliothèque ». Elle a dit *Qu'est-ce qu'il y a* et j'ai dit *Il enfonce ses doigts dans mon omoplate.* Le proviseur s'est éclairci la voix et m'a poussé vers le couloir pendant que Mme Farmer marmonnait *Il faut que tu apprennes à respecter les adultes, jeune homme.* Le proviseur me dévisageait de haut, j'avais une vue panoramique sur ses narines. J'étais justement en train de me demander s'il était difficile de respirer entre tous ces poils de nez quand il a demandé *Qu'est-ce que tu fais demain après-midi.* J'ai répondu *Rien* et il a m'a dit *Eh bien, tu vas faire quelque chose. Il y a une place dans l'équipe de football. Craig Johnson est blessé.*

Jas a dit qu'elle ne manquerait le match pour rien au monde. Elle parie que c'est moi qui vais tirer le but gagnant. Mon horoscope est incroyablement optimiste cette semaine, et d'ailleurs elle dit que mes chaussures sont enchantées et que je serai forcément aussi bon que Wayne Rooney. J'ai demandé à papa s'il allait venir et il a roté. Je ne sais pas si ça veut dire oui ou non.

Le test de foot était il y a un mois. J'ai vraiment fait de mon mieux mais je n'ai presque jamais eu le ballon. J'ai joué dans l'aile gauche et ensuite à l'avant et je n'ai pas fait grand-chose, mais j'ai quand même eu l'impression que j'en avais fait assez. Des centaines de papillons m'ont tenu éveillé toute la nuit précédant l'annonce de la composition de l'équipe et, quand je me suis réveillé, le matin, j'ai eu la sensation que chacun de ces papillons avait accouché de dix bébés très énergiques. Le proviseur nous a expliqué que la liste des membres de l'équipe serait affichée sur le tableau de bord, devant son bureau, à l'heure de la récréation. On allait donc devoir attendre deux cours entiers avant de savoir. En cours d'anglais, on a dû rédiger des poèmes intitulés « Notre merveilleuse famille ». La seule rime qui me soit venue à l'esprit était « incinérée » et « cheminée », mais comme Mme Farmer croyait que Rose était encore vivante, je ne pouvais même pas m'en servir. Pendant le cours de maths, on a fait des fractions. D'habitude je suis bon en fractions, mais là, les papillons s'étaient éparpillés jusque dans mon cerveau et mes pensées étaient toutes flottantes.

Mme Farmer a dit *Mettez vos manteaux avant de sortir jouer* et Daniel et Ryan sont sortis en courant sans jeter un coup d'œil à la liste. De toute manière, ils savaient qu'ils y figuraient car ils avaient été les seuls de CM1 à avoir été sélectionnés à la dernière saison. Je n'avais pas envie qu'on voie que j'étais impatient de savoir, alors je suis allé à la bibliothèque et j'ai pris le premier livre qui m'est tombé sous la main, sans regarder ce que c'était. Mes yeux étaient rivés au papier fixé au panneau d'affichage. Il y avait onze noms, plus trois remplaçants en dessous. En m'approchant, j'ai sifflé la première chanson qui me passait par la tête et c'était *The Courage To Fly*, car papa l'avait sifflée sans interruption ce week-end-là, sur la route de St Bees.

Les lettres étaient gribouillées, impossible à déchiffrer. J'ai fait encore un pas en avant. Les capitales au début des noms ont commencé à être plus lisibles. Il n'y avait que deux J. J'ai avancé encore un peu, les lèvres toujours en avant même si je ne sifflais plus. J'ai lu le septième nom sur la liste. James.

James. James Mabbot. Un CM1. Je n'étais même pas parmi les remplaçants.

J'ai détalé vers la cour de récréation. J'ai ouvert la porte d'un coup de pied, j'ai dévalé les marches, j'ai tourné en courant et j'ai foncé dans Sunya. Mon livre a volé dans les airs avant d'atterrir par terre. Elle l'a ramassé et a jeté un coup d'œil au titre. Il y avait écrit en grosses lettres noires : *Le miracle de moi : un livre sur les ovules, le sperme, la naissance et les bébés.* Elle a commencé à ricaner. Je le lui ai arraché des mains.

Cette nuit-là, je me suis installé sur le rebord de la fenêtre avec Roger enroulé à mes pieds et j'ai tout lu sur le miracle de moi. Le livre n'en finissait pas de dire que j'étais vraiment quelque chose de particulier et d'unique car il n'y avait qu'une chance sur un million de trillions de chances que je devienne moi. Si ce spermatozoïde de papa n'avait pas rencontré cet ovule de maman en cet instant précis et unique, j'aurais été quelqu'un de différent. Cela ne me semblait pas être un miracle. Plutôt un coup de malchance.

*

Tu n'auras pas l'air débile, m'a assuré Sunya quand elle m'a découvert devant le vestiaire, trop effrayé pour entrer. *Tu es Spiderman.* J'ai eu envie de lui répondre que Spiderman ne faisait pas de sport mais elle essayait d'être gentille alors je l'ai fermée. *Et puis tu as ta bague magique.* J'ai regardé l'anneau de Patafix bleue autour de mon majeur et j'ai touché la pierre blanche. Je me suis senti un peu mieux. *Tu vas être super,* a dit Sunya en souriant. J'ai pris une profonde inspiration et j'ai poussé la porte.

Avant d'être suspendu pendant trois jours, Daniel était capitaine. Il semblait jaloux que le proviseur parle stratégie avec Ryan. Ryan hochait tout le temps la tête, il croisait les bras d'un air sérieux, un ballon aux pieds comme s'il était né avec ce ballon accroché aux orteils. Daniel était assis, l'air furieux, et sa jambe droite s'agitait. Quand il m'a aperçu, il a secoué la tête comme s'il ne pouvait pas croire que j'aie été autorisé à entrer dans les vestiaires, peu importe dans quelle équipe. Je l'ai ignoré et j'ai sorti mon short de mon sac de sport.

Il y avait une pile de tee-shirts posés par terre au milieu de la pièce et j'en ai choisi un à manches longues pour couvrir mon tee-shirt de Spiderman. Le proviseur nous a demandé de former un cercle, deux garçons ont passé leur bras autour de moi et j'ai dû me mordre la lèvre pour m'empêcher de sourire. Il a dit *C'est le match le plus important de la saison* et tout le monde est resté silencieux. Personne ne respirait. On était tous en train de fixer le proviseur pendant qu'il parlait. *Si nous battons Grasmere aujourd'hui, nous serons en tête du championnat.* J'ai regardé les joueurs et mon cœur me faisait mal tellement je voulais qu'on gagne. Il a dit *Il manque certains de nos meilleurs joueurs, mais nous allons faire de notre mieux avec les remplaçants que nous avons,* et tout d'un coup j'ai trouvé le linoléum vraiment intéressant. Je l'ai fixé pendant que le proviseur disait quelque chose dont je ne me souviens plus.

Les mamans, les papas et les grands-parents se tenaient debout de chaque côté du terrain. Parmi toutes les têtes brunes, noires et rousses, il y en avait une rose, une verte et une couverte d'un hijab. J'ai essayé d'avoir l'air de savoir ce que je faisais, j'ai enchaîné trois bonds et dix sauts en étoile pendant qu'on attendait l'arrivée de l'autre équipe. J'ai traversé en courant le côté gauche du terrain et j'ai fait semblant de dribbler, même si je n'avais pas de ballon.

Grasmere est arrivé en dernier. L'arbitre a dit *Les capitaines en avant.* Ryan s'est avancé et Daniel est devenu rouge de jalousie. Ryan a dit *Pile* mais l'arbitre a dit *Non, c'est face* alors l'autre équipe a gagné le coup d'envoi. Le coup de sifflet a retenti. Pour la première fois de ma vie, je jouais un match où je n'étais pas gardien.

Les trois premières fois que j'ai reçu le ballon, j'ai été taclé. Le garçon qui m'a eu avait au moins treize ans, il avait même des poils sur sa lèvre supérieure et une bosse dans sa gorge qu'il aurait fallu appeler melon plutôt que pomme d'Adam. Il était fort et dur et il sentait le déodorant, comme un homme. Après cinq minutes, j'avais les jambes couvertes de terre. Ma rotule me lançait là où j'avais été frappé et mes pieds me picotaient dans mes baskets trop serrées mais je n'avais jamais été aussi heureux. Mon défenseur était grand mais il était lent et je pouvais le dépasser assez facilement.

J'ai vraiment donné mon maximum, je voulais tellement que Jas, Leo et Sunya me trouvent bon. Je n'arrêtais pas de me demander si papa était dans la foule et s'il était impressionné. Chaque fois que j'avais le ballon, la voix d'un commentateur mugissait dans ma tête. Une passe lumineuse pour Jamie Matthews... Matthews dribble un défenseur puis un autre et... encore un autre... et voilà ! Un nouveau but, Matthews a fait une excellente première mi-temps, c'est un sans-faute.

Au bout de quarante-cinq minutes, nous étions menés un but à zéro. Notre gardien avait laissé passer un ballon. Daniel était en train de dire quelque chose sur le fait que ce gars était vraiment une pédale, incapable de jouer au football pour sauver sa vie, mais je ne me suis pas joint à eux. Je sais ce que c'est d'être le gardien de but d'une équipe qui est en train de perdre. On nous a distribué des quartiers d'orange qui ont rendu mes mains toutes poisseuses mais qui étaient délicieux, et la seconde mi-temps a commencé.

On a eu des tonnes d'occasions mais on n'a pas réussi à mettre un but. Daniel a touché le poteau. Ryan a touché la barre transversale d'une balle piquée de la tête. À mesure que le temps restant s'écoulait, la panique me gagnait comme un ballon qui gonflait dans mon estomac. À ce moment-là, un garçon qui s'appelle Fraser est entré dans la surface de réparation. L'arbitre a sifflé *Penalty* et Daniel a voulu le tirer mais Ryan a dit *Non, j'y vais.* Il l'a mis dans la lucarne droite. Il a couru vers ses fans, les mains levées au-dessus de sa tête, et tout le monde l'a suivi en criant. Le temps que je les rejoigne, tout était terminé et j'ai dû me dépêcher de gagner le côté gauche du terrain avant que Grasmere donne un nouveau coup d'envoi.

Je n'avais plus d'énergie mais j'arrivais quand même à tenir le coup. Je n'ai pas fléchi une seconde, même si mes pieds me faisaient mal. Le proviseur arpentait le côté du terrain, recouvrant de terre ses chaussures brillantes, et il n'arrêtait pas de hurler des choses que je n'entendais pas. Il y avait trop de sang dans ma tête et j'entendais ce bruit qu'on distingue quand on presse un coquillage contre son oreille. L'arbitre a consulté son chronomètre, j'ai compris qu'il ne restait plus qu'une minute avant le coup de sifflet final et tout d'un coup j'ai reçu le ballon. J'ai pris de vitesse mon défenseur, j'étais à l'entrée de la surface de réparation et j'avais toujours le ballon et j'ai dribblé et j'avais toujours le ballon. Il ne restait plus que le gardien de but, devant moi. Le commentateur a hurlé *Jamie Matthews a une chance de faire gagner le match à son équipe* et j'ai pensé à maman et papa et Jas et Sunya et j'ai frappé aussi fort que je le pouvais de mon pied gauche.

Tout s'est passé au ralenti. Le gardien a bondi. Ses pieds ont décollé du sol. Ses bras se sont tendus. Le filet a tremblé. Les bras de la foule ont jailli dans les airs. J'avais marqué.

J'avais marqué. J'ai fixé le but et je n'ai pas cillé ni bougé, au cas où tout cela n'aurait été qu'un rêve et où j'allais me réveiller d'un instant à l'autre. Le bruit de coquillage a disparu et j'ai pu entendre des cris, des applaudissements et des bravos, et le truc le plus fou c'est qu'ils m'étaient tous destinés. Bizarrement, j'ai pensé à ce livre que j'avais emprunté par erreur et je me suis senti spécial et unique, pas vraiment comme un miracle mais pas trop loin de ça non plus. Des centaines de mains m'ont entraîné par terre. Tous les joueurs ont plongé sur moi, et même si mon visage était écrasé dans la terre et que je commençais à être mouillé parce que le sol était détrempé, cela ne m'a pas dérangé une seule seconde. Je ne voulais être nulle part ailleurs dans le monde entier, j'étais très exactement là où je voulais être, à peine capable de respirer et écrasé sur un terrain de foot par dix joueurs qui braillaient.

Neuf joueurs qui braillaient. Daniel n'est pas venu me féliciter. Je ne m'en suis pas rendu compte avant de me remettre debout, quand l'arbitre a sifflé la fin du match. Daniel se tenait tout seul au milieu du terrain. Il ne semblait même pas content d'avoir gagné.

Sunya scandait mon nom, elle a embrassé la bague qu'elle porte au doigt. J'ai vérifié partout si je voyais papa avant d'embrasser la mienne, moi aussi. Elle m'a fait un signe et est partie en courant. Le ballon dans mon ventre était plus gros que jamais mais cette fois c'était agréable, comme un brassard ou une bouée, quelque chose qui vous maintient hors de l'eau. Mes épaules se sont élargies et ma poitrine a grossi et, pour la première fois, mon tee-shirt de Spiderman semblait à ma taille.

Toutes les mamans et tous les papas se sont rapprochés de leurs garçons et pendant une milliseconde je n'ai pas su quoi faire. Je souriais toujours mais tout d'un coup mes joues ont commencé à me faire mal, mes lèvres semblaient gercées et ma langue était sèche. Mais j'ai continué à sourire, planté là, car je voulais que rien ne gâche cet instant, pas même le fait que le rot de papa ait voulu dire *Non.* Jas et Leo étaient en train de se bécoter mais ils se sont séparés et m'ont fait des signes de la main, alors je les ai rejoints d'un bond. Jas n'arrêtait pas de répéter que j'étais un héros, encore meilleur que Wayne Rooney, et Leo m'a de nouveau serré la main et cette fois j'ai su exactement ce qu'il fallait que je fasse. Il a dit *Pas mal, pour un poisson* et j'ai répondu *Ce n'est pas un hérisson qui pourrait faire ça* et il a vraiment rigolé, pas en faisant semblant comme ces autres grandes personnes. Ça a fait des reflets argentés à cause des clous dans sa langue et ses lèvres.

Les autres familles n'arrêtaient pas de regarder les cheveux roses de Jas, la brosse verte de Leo, leurs vêtements noirs et leurs visages tout blancs. Du coup je les ai fixés, moi aussi, jusqu'à ce qu'ils détournent le regard, et je me suis senti féroce et courageux. J'aurais été capable de battre le Bouffon vert de *Spiderman* s'il était apparu sur le terrain à cet instant. Jas a dit *On se voit à la maison* et Leo a dit *À plus, morveux* et je me suis retrouvé tout seul. J'ai ouvert grands mes yeux pour capter chaque détail du jour le plus beau de ma vie. J'ai vu la terre sur mes genoux, les filets qui se gonflaient dans le vent et le défenseur que j'avais battu s'éloigner avec les épaules affaissées. Tout ça à cause de moi. J'ai secrètement adressé un sourire au lion dans le ciel, et je jure que je l'ai entendu rugir.

Le proviseur a dit *Bien joué*, il a pressé mon épaule et ensuite il a dit *Un but magnifique* et il a ébouriffé mes cheveux. Je suis entré dans les vestiaires en me disant qu'il ne pouvait plus rien m'arriver de mieux aujourd'hui mais là, tous les garçons sauf Daniel m'ont souri en disant *Super coup* et *Beau jeu* et *Je ne savais pas que tu avais un super pied gauche.* Le gardien a même crié *Jamie Matthews, l'homme du match.* Après tout, c'est grâce à mon but que tout le monde avait oublié son erreur et que personne ne l'appelait plus « Mains de pédale ». Quelques types ont approuvé mais Daniel a éternué avant de sortir du vestiaire comme une fusée. J'ai cru qu'il rentrait chez lui mais j'ai compris que je m'étais trompé quand son poing a percuté mon visage.

Cela s'est passé à presque un kilomètre de l'école, sur une route tranquille. Il n'y avait personne alentour. Daniel avait dû m'attendre près du vestiaire et me suivre sur le chemin du retour. Je ne l'ai pas entendu s'approcher, derrière moi, parce que j'étais en train de papoter avec maman dans ma tête. Je lui racontais le jeu et je lui disais *Ne pleure pas. Je suis sûr que M. Walker va te permettre de venir, la prochaine fois.*

J'ai senti une tape dans mon dos et, quand je me suis retourné, j'ai vu cinq articulations. Elles ont perforé mon visage et mon globe oculaire s'est écrasé sur le fond de mon crâne comme un œuf contre un mur. J'ai porté mes mains à ma tête et un pied s'est enfoncé dans mon estomac et je suis tombé par terre. Le pied a cogné ma jambe puis mon coude puis mes côtes, et j'ai eu dans la bouche un goût métallique qui était sûrement celui du sang.

Je me suis tourné pour protéger mon estomac et Daniel m'a donné un coup de poing dans le dos. Ensuite, il a attrapé mes cheveux, il a secoué et du sang a giclé partout par terre. Il a crié à mon oreille *Ça, c'est pour m'avoir attiré des ennuis avec le proviseur.* J'ai essayé de répliquer mais ma bouche était pleine de sang et de tripes et de quelque chose de dur qui était probablement une dent. Il a dit *T'es qu'un crétin* et *Tout le monde te déteste* et *Ce n'est pas parce que tu as eu de la chance pour un but que tout va changer.* Je restais allongé là à encaisser tout ça quand il a dit *Retourne à Londres, et emmène ta Pakistanaise avec toi.* Je ne sais pas pourquoi, mais ce mot m'a mis en colère. J'ai essayé de me remettre sur mes pieds mais mon corps ne répondait pas.

Daniel a marché sur mes doigts avant de repartir en courant. Allongé sur le trottoir, j'ai regardé ses baskets disparaître au coin de la rue. Mes os me faisaient mal et ma tête me lançait et je me sentais tellement fatigué. J'ai fermé les yeux et je me suis concentré sur ma respiration. L'air sifflait en entrant et en ressortant de mes narines. J'ai dû m'endormir. Quand j'ai repris conscience, j'ai vu que le ciel était sombre, les montagnes n'étaient plus que des ombres, et les arbres étaient noirs et pointus devant la lune crémeuse.

J'ai boitillé jusqu'à la maison. Il n'y avait pas de lumières bleues clignotant devant le cottage. La voiture de maman n'était pas garée dans l'allée non plus. Je n'avais pas la moindre idée de l'heure qu'il était, mais je savais qu'il était tard. Je m'étais dit que papa s'était peut-être suffisamment inquiété pour passer quelques coups de fil.

J'ai ouvert la porte d'entrée en m'attendant à voir Jas dévaler les escaliers ou papa crier *Mais où diable étais-tu passé.* Le couloir était silencieux. Une lumière grise filtrait en dessous de la porte du salon et j'ai marché vers elle. Mon corps me faisait mal à chaque pas. Papa s'était endormi sur le canapé avec un album photo ouvert sur les genoux, le portrait de Rose lançait des reflets à cause de la lumière de la télé. Elle portait une robe à fleurs, un cardigan et des chaussures à boucle plates. J'ai fixé papa pendant un long moment et, même si mon corps était meurtri et que mon œil avait doublé de volume, je ne me suis jamais senti aussi invisible. En fin de compte, l'invisibilité n'est pas un pouvoir si génial.

La télé était muette mais il y a eu cette pub. Le Plus Grand Show pour Jeunes Talents de Grande-Bretagne. Des tas de gamins dansaient en silence, ils avaient des visages contents et luisants et leurs familles applaudissaient dans le public. Quand le numéro s'est affiché et que les mots qui disaient *Appelez ce numéro pour changer de vie* ont défilé sur l'écran, j'ai attrapé un stylo sur la cheminée et j'ai noté le numéro sur la paume de ma main endolorie.

10

En fait je n'avais pas dormi si longtemps, sur le trottoir. La nuit tombe tellement tôt maintenant qu'il est difficile de savoir l'heure. Il était six heures et demie quand j'ai éteint la télé et que j'ai laissé papa dans le salon avant de monter dans ma chambre. Dès que je suis entré dans la pièce, Roger a bondi du rebord de la fenêtre et il a frotté sa fourrure contre mes bleus. Au moins, il y en avait un qui était content de me voir. Tout d'un coup, j'ai imaginé Roger en train de composer le 18 avec sa patte et signaler ma disparition en remuant ses moustaches. Mon sourire a poussé mes joues jusqu'à mes yeux et ça m'a fait incroyablement mal.

Jas est rentrée à vingt-deux heures vingt et une. Les gonds de la porte d'entrée ont grincé tout doucement et j'ai compris qu'elle essayait de l'ouvrir sans qu'on l'entende. J'ai croisé les doigts. Il y a eu un bruit de coup et ensuite un cri. J'ai tiré la couette par-dessus ma tête et j'ai fredonné de toutes mes forces. Papa avait la voix de quelqu'un qui a bu.

Il n'a pas arrêté de lui demander *Où étais-tu* et elle répondait *J'étais avec des copains*, ce qui était manifestement un mensonge. Je ne lui en voulais pas de passer

Leo sous silence. Papa n'aimerait pas que Jas ait un petit ami, et sûrement pas un avec des cheveux verts. Il a dit *Pourquoi n'as-tu pas appelé* et j'ai entendu les mots que Jas aurait aimé dire. Je les voyais briller dans son cerveau. Mais elle s'est contentée de dire *J'appellerai la prochaine fois, promis.* Papa a dit *Il n'y aura pas de prochaine fois* et Jas a dit *QUOI* et papa a dit *Tu es privée de sortie.*

C'était tellement débile que j'aurais pu éclater de rire mais j'essayais de rester immobile parce que mon visage était trop douloureux. Depuis des mois, papa ne faisait plus attention à nous. Il ne nous avait pas préparé de dîner, il ne nous avait pas demandé comment s'était passée notre journée et ne nous avait pas grondés depuis trop longtemps pour s'y mettre maintenant. Jas a dû avoir la même réaction car papa a dit *Arrête de sourire bêtement comme cela.* Elle a crié *Tu ne peux pas me punir* et papa a répondu *Si tu agis comme un enfant, je suis obligé de te traiter comme un enfant* et Jas a rétorqué *Je suis plus adulte que tu ne l'as jamais été.* Papa a dit *C'est parfaitement ridicule* et j'ai chuchoté à Roger *Non, ça ne l'est pas.* Roger a ronronné et ses moustaches ont chatouillé mes lèvres. Il était enroulé à côté de moi, son corps comme une bouillotte contre le mien. Un silence s'est installé, rempli de toutes les choses que Jas ne pouvait pas exprimer.

Quand j'ai été copain avec Luke Branston pendant quatre jours, on a regardé ce vieux film d'horreur qui s'appelle *Candyman.* Il parle d'un homme avec un crochet à la place de la main et qui apparaît si on prononce cinq fois son nom devant un miroir. Depuis que j'ai vu ce film, j'ai toujours eu un peu envie d'essayer, et d'ailleurs parfois, quand je me lave les dents, je dis *Candyman Candyman Candyman Candyman Candy* – mais je ne le récite jamais jusqu'au bout, au cas où.

C'est pareil avec papa. Personne ne mentionne jamais le fait qu'il boit. Jas ne m'en a jamais parlé, je ne lui en ai jamais parlé non plus et on n'a jamais rien dit à papa. C'est trop effrayant. Je me demande ce qui se passerait si on prononçait le mot ALCOOLIQUE.

J'avais presque envie qu'elle le lui crie à la figure. Roger a commencé à avoir trop chaud et il a bondi du lit. L'horloge de l'église a sonné onze coups et j'ai imaginé un vieux petit bonhomme en train de tirer la corde dans le clocher, sous les étoiles. Ils ne disaient toujours rien. J'ai mordu mes lèvres et tout d'un coup j'ai senti un trou dans ma bouche. Daniel avait fait sauter ma dernière dent de lait.

Le silence a été rompu par un bruit de pas, sur les marches. Je me suis senti à la fois soulagé et déçu. Ma porte s'est ouverte et Jas est entrée. Elle a jeté son sac par terre. Elle s'est assise sur mon lit et a commencé à pleurer. Des larmes noires pleines de maquillage ont dessiné des lignes sur ses joues. J'ai senti les os de son dos quand je l'ai serrée dans mes bras. Elle a dit *Je n'en peux plus*, ce qui m'a fait mal au cœur. C'est précisément ce que maman avait dit avant de partir. Je me suis accroché à la main de Jas en pensant au cerf-volant de la plage, à St Bees, et à la manière dont il bondissait et tournoyait pour essayer de se libérer. J'ai enfilé mes doigts entre les siens et j'ai serré fort. J'ai dit *Notre vie va changer* et elle a dit *Comment pourrait-elle changer* et j'ai dit *Ne t'inquiète pas, j'ai un plan.*

J'étais sur le point de lui parler du Plus Grand Show pour Jeunes Talents de Grande-Bretagne mais elle a attrapé son sac et l'a ouvert. Elle m'a dit *Prends ça* en me tendant une bouteille. *Pour ton tee-shirt. Comme ça, tu n'auras pas besoin de l'enlever.* Du déodorant. J'ai pensé au garçon qui sentait vraiment l'homme, sur le terrain de foot, et je m'en suis aspergé tout le corps.

J'ai demandé *C'est mieux* et elle a répondu *Beaucoup mieux* avec un tout petit sourire. *Tu commençais vraiment à sentir mauvais.*

*

Quand Mme Farmer est entrée dans la classe, la première chose qu'elle a faite a été de déplacer les anges des footballeurs sur d'autres nuages. Comme l'ange de Daniel était au recyclage, elle a noté son nom sur un Post-it et l'a collé sur le premier nuage. Sunya a cherché mon regard mais je l'ai ignorée. Depuis que Daniel m'avait cassé la figure, j'avais peur de le mettre en colère.

Mon ange a sauté trois nuages car j'avais marqué le but décisif alors maintenant je suis sur le nuage numéro trois. Mme Farmer a dit *Levez-vous, les garçons* et nous nous sommes levés et elle a dit *Vous êtes tous un peu plus près du paradis, maintenant* et tout le monde a applaudi. Elle m'a regardé bizarrement mais ensuite elle a secoué la tête comme si elle avait décidé de ne rien dire. Mon œil est vert, noir et gonflé d'hématomes.

Au petit déjeuner, Jas a demandé *Qu'est-ce que tu as au visage* et j'ai juste répondu *Je me suis pris des coups de coude pendant le match.* J'avais envie de lui parler de Daniel mais elle avait encore l'air triste, alors je me suis dit qu'elle avait déjà suffisamment de raisons de s'inquiéter comme ça. Je me suis demandé si papa allait me demander les résultats du match mais il écoutait la radio avec les sourcils froncés. Jas a levé les yeux de son ordinateur portable, elle a dit *Je ne me sens pas bien* et elle est retournée dans son lit. En rejoignant la porte, je suis passé devant son ordinateur et j'ai vu son horoscope qui y était affiché. Il y avait écrit

Prépare-toi à une grosse surprise, ce qui a dû lui faire peur.

Pendant tout le cours de géo, Sunya a essayé de me parler du match. Elle n'arrêtait pas de décrire mon but, comme quoi c'était le truc le plus génial qu'elle ait jamais vu en comptant tous les matchs qu'elle avait regardés à la télé, et qu'elle avait toujours su que je serais super bon puisque j'étais Spiderman. Mais je ne m'étais jamais senti aussi peu Spiderman de ma vie, avec mon corps qui me faisait mal sous mon tee-shirt et les manches qui flottaient autour de mes bras. Et quand elle a dit qu'elle pensait que le proviseur allait me choisir comme capitaine pour le prochain match, je lui ai demandé de la fermer. Elle a demandé *Qu'est-ce que tu as dit* et j'ai dit *Tu ne connais rien au football.* Ses yeux ronds se sont transformés en fentes et ses lèvres se sont resserrées jusqu'à ce qu'elles ne forment plus qu'une ligne étroite, comme si quelqu'un les avait dessinées avec un crayon très pointu.

Elle ne m'a pas adressé la parole de tout le cours d'anglais et pendant le rassemblement elle n'a pas applaudi quand le proviseur a annoncé que j'étais l'Homme du match. Cela aurait dû être le meilleur moment de ma vie, mais je me sentais comme Dominic, un garçon de mon école, à Londres. Dominic est handicapé et chaque fois qu'il faisait quelque chose, même quand il écrivait son nom en grandes pattes de mouche, tout le monde disait *Waouh* et *Très bien*, comme s'il avait écrit un livre entier, ou quelque chose comme ça. C'est exactement comme ça que je me suis senti quand le proviseur a décrit mon but, comme si tous les autres trouvaient que ce n'était pas si terrible mais que c'était vraiment impressionnant de la part de ce drôle de garçon roux dont tout le monde pensait qu'il était trop retardé pour jouer au football.

Pendant la récréation, je me suis dirigé vers notre banc. Je ne m'attendais pas à y trouver Sunya. Je pensais qu'elle serait trop en colère. Mais elle était là, le menton levé, tapant du pied. Ses yeux étaient aussi noirs que le hijab sur sa tête et trois de ses cheveux luisants voletaient au vent. Elle m'a dit *Je t'ignore* et j'ai dit *Alors pourquoi tu me parles* et elle a dit *Je te signale juste que je ne te parlerai plus de la journée.* Alors j'ai dit *Mais je suis désolé* et elle a répondu *Tu fais bien* et j'ai répliqué *Je croyais que tu ne parlais plus* et alors elle m'a donné un petit coup sur la jambe. Cela n'aurait pas dû faire aussi mal mais j'ai lâché un juron en plaquant mes deux mains sur ma cuisse. Le regard de Sunya s'est posé sur ma jambe, puis sur mon œil en passant par les égratignures de ma main, et là sa mâchoire s'est presque décrochée. Elle a bondi sur ses pieds et elle a dit *Viens.* Son foulard se balançait de droite à gauche et ses bracelets tintaient tandis qu'elle dévalait une pente que je n'avais jamais vue auparavant et qui conduisait vers un hangar vert, en contrebas de l'école.

J'ai demandé *On est où* pendant que Sunya scrutait les alentours avant de tourner la poignée d'une porte cachée. Je l'ai suivie à l'intérieur et j'ai cligné des yeux plusieurs fois pour que mes yeux s'habituent à l'obscurité. La pièce sentait les toiles d'araignées et la boue. Elle m'a répondu *C'est la remise pour le sport* en refermant la porte derrière nous et elle s'est installée sur un énorme ballon. *Je me cachais ici quand tout le monde m'appelait «Face de curry».* Je ne savais pas quoi dire alors j'ai pris une balle de tennis et je l'ai fait rebondir sur le sol. Elle s'est penchée en avant et l'a attrapée au vol. *Qu'est-ce qui se passe, Jamie.* J'ai essayé de rire mais ça sonnait faux. Elle a attendu que je m'arrête et ensuite elle a chuchoté *Qu'est-ce qui s'est passé.*

Du sang chaud m'est monté au visage et mes bleus m'ont lancé. J'avais envie de le lui raconter mais j'avais trop honte. La grosse dame de la cantine a soufflé dans son sifflet et je me suis tourné vers la porte. Sunya a attrapé ma main. J'ai baissé les yeux. Ça faisait joli, mes doigts blancs au milieu de ses doigts sombres. Elle s'est levée. Elle était si près que j'ai vu une minuscule tache de rousseur que je n'avais encore jamais remarquée, juste au-dessus de sa lèvre. Elle a laissé retomber ma main et elle a posé ses doigts sur la manche droite de mon tee-shirt. J'ai crié *NON* mais elle l'a relevée tout doucement, en prenant des précautions, comme si elle savait que mon bras était blessé. Et quand elle a vu le bleu au-dessus de mon coude, ses yeux étincelants se sont remplis de larmes. Elle a demandé *Daniel* et j'ai hoché la tête.

Il y a eu un deuxième coup de sifflet alors on n'a pas pu en parler. On s'est faufilés dehors, on a remonté la pente et on a rejoint les autres enfants sans se faire remarquer. Sunya a fixé Daniel pendant tout le cours d'histoire et aussi celui de science, et j'ai eu peur qu'elle ne dise quelque chose et qu'elle n'empire tout. Mais elle devait savoir comment je me sentais parcc qu'elle n'a rien dit, et à l'heure du déjeuner on est retournés dans la remise.

J'aime bien cet endroit. C'est calme, frais et secret. On s'est assis sur un tapis de sol, on a partagé nos sandwichs et je lui ai raconté la bagarre. Elle s'est mordu la lèvre, elle a secoué la tête et elle a juré aux moments les pires. Elle a dit *On va prendre notre revanche* mais j'ai dit *N'y pense même pas* et elle a dit *Mais il t'a traité de crétin. Il t'a frappé. Il faut bien qu'on fasse quelque chose.* J'ai eu peur qu'elle n'ait envie d'en parler à un professeur mais elle a dit *Mes frères vont lui casser la figure.* Elle sait aussi bien que moi que les professeurs ne font qu'aggraver les choses. J'ai imaginé Daniel en train de se faire casser la figure par un grand, et ça m'a fait du bien mais aussi du mal. J'avais envie qu'il se fasse tabasser mais j'aurais voulu être suffisamment courageux pour le faire moi-même.

Je suis resté silencieux pendant un moment et j'ai mangé la croûte de mon sandwich pendant que Sunya regardait mon tee-shirt de Spiderman. Elle l'a touché avec sa main, son visage est devenu tout soucieux et j'ai su ce qu'elle était sur le point de me demander. Et, cette fois, les mots Maman, Aventure, Papa et Alcoolique n'étaient plus trop gros pour sortir.

Je lui ai presque tout raconté. Elle ne m'a pas interrompu une seule fois. Elle a juste écouté et hoché la tête. Je lui ai raconté les bouteilles de papa dans la poubelle et le fait que maman était partie vivre avec Nigel. Je lui ai dit que j'avais cru que maman avait oublié mon anniversaire et comme j'avais été soulagé quand j'avais reçu le cadeau, deux jours plus tard. Dans la poussière qui recouvrait le sol de la remise, j'ai noté les mots que maman avait mis dans le *P.-S.* de la carte, et Sunya a trouvé aussi que cela voulait certainement dire qu'elle viendrait bientôt. Et quand je lui ai expliqué pourquoi je ne pouvais pas enlever mon tee-shirt avant que maman ne vienne le voir, elle a dit qu'elle comprenait.

Pendant tout le temps où je parlais, je fixais le rectangle de lumière dorée qui entourait la porte. Mais quand Sunya a dit ça, j'ai regardé son visage. Elle a souri et j'ai souri et nos mains se sont serrées et un feu d'artifice a traversé mon bras. Il a commencé à pleuvoir mais les coups sur le toit étaient moins bruyants que le BOUM de mon cœur. Je voulais regarder la tache de rousseur de Sunya, je me suis penché en avant et j'ai fixé la tache brune au-dessus de sa lèvre.

Elle a dit *C'est une superstition,* et sa voix était un peu plus aiguë que d'habitude. Je me suis penché encore un peu plus près. Sa respiration picotait mon visage. Elle a chuchoté *Une superstition. Voilà ce que tu as.* Mon nez touchait presque ses trois cheveux brillants quand j'ai dit *Une super quoi* et elle a dit *C'est comme ces footballeurs qui marquent un but et à partir de là ils doivent porter le même caleçon plein de sueur chaque fois, pour qu'il leur porte chance.* Alors on a commencé à ricaner, la tache de rousseur a disparu et ses lèvres se sont étirées en un sourire.

Tout d'un coup, j'ai eu l'impression que nos visages étaient trop proches, alors je me suis levé et j'ai cherché un ballon des yeux. J'en ai trouvé un dans le coin de la remise et j'y ai un peu joué. Sunya m'a dit *Raconte-moi pour ta sœur* et j'ai tapé trop fort sur le ballon qui s'est écrasé contre la porte secrète. J'ai dit *Elle a les cheveux roses* et Sunya a répondu *Je parle de l'autre sœur.*

Sunya est musulmane et les musulmans ont tué ma sœur. Je n'ai pas su quoi dire. J'ai songé à mentir mais ça ne me semblait pas bien, et je me suis dit que j'aurais bien aimé qu'elle se soit noyée ou qu'elle ait brûlé parce que ce serait beaucoup plus facile à expliquer. J'ai commencé à rire car c'était vraiment un drôle de truc à souhaiter et Sunya s'est mise à rire, elle aussi, et on n'arrivait plus à s'arrêter.

À travers tous ces rires, j'ai quand même réussi à articuler six mots. *Des musulmans ont tué ma sœur.* Sunya n'a pas eu l'air choquée, elle n'a pas dit *Je suis tellement désolée* et elle n'a pas non plus pris un air triste, comme toutes les personnes qui l'apprenaient. Elle a dit *Ce n'est pas drôle, non, ce n'est vraiment pas drôle* mais elle riait de plus en plus fort en se tenant les côtes. Des larmes coulaient sur ses joues sombres. Moi je riais aussi, mes yeux étaient mouillés pour la première fois en cinq ans. Je me suis demandé si c'était ça dont parlait la conseillère quand elle avait dit *Un jour tu réaliseras et alors tu pleureras.* Je ne sais pas pourquoi, mais je ne crois pas qu'elle parlait de pleurer de rire.

11

J'aime bien le goût des enveloppes. J'ai léché la partie brillante cinq fois avant de la refermer. J'ai imaginé maman en train d'ouvrir la lettre, dans la maison de Nigel, ses mains qui touchaient ma salive séchée, ça m'a fait du bien. Mme Farmer a dit que c'était très important que maman et papa viennent à la soirée des parents, en décembre. Elle a dit *C'est leur dernière occasion de me parler avant que vous alliez au collège, l'année prochaine. Vous devriez emmener vos mamans et demander à vos papas de venir aussi.*

Il y avait une pile de lettres, dans la classe, et j'en ai pris deux. J'en ai donné une à papa et j'ai envoyé l'autre à maman. J'ai mis une note en haut de sa lettre, de ma plus belle écriture liée. *On se retrouve devant ma nouvelle école, l'école primaire Ambleside Church of England, le 13 décembre à 15 h 15.* P.-S. : *Viens sans Nigel.* J'étais sur le point d'ajouter *Je porterai mon tee-shirt de Spiderman* mais j'ai changé d'avis. J'avais envie de lui faire la surprise. J'ai fait attention à bien plier les pages que j'avais arrachées de mon carnet de notes et je les ai glissées dans l'enveloppe. Un dessin de moi et un autre du poisson rouge. Maman va adorer.

J'étais tout excité quand la lettre est tombée dans la

boîte aux lettres. La soirée des parents est dans deux semaines, ça laisse beaucoup de temps à maman pour demander des jours de congé à M. Walker. Elle ne voudra sûrement pas rater ça. Maman n'arrête pas de nous bassiner avec le fait que l'école, c'est important, et que de bonnes notes peuvent me permettre de faire tout ce que je veux. Elle a dit *Accepte de travailler dur maintenant, et tu en récolteras les fruits plus tard.* Je vais essayer de faire de mon mieux à l'école jusqu'au 13 décembre, comme ça Mme Farmer aura des tonnes de choses positives à lui raconter.

Après avoir envoyé la lettre, je me suis assis sur le muret, à côté de la boîte aux lettres, et j'ai attendu Sunya. J'avais mauvaise conscience d'avoir laissé papa à la maison parce qu'il m'avait demandé ce que je voulais faire, le matin. Il a dit *Tu as prévu quelque chose* et j'ai failli recracher mes Coco Pops. J'ai toussé *Je vais retrouver mes copains* et il a fait *Oh* de cette manière déçue qui me donne l'impression d'avoir été méchant. Ce qui n'était pas faux, d'ailleurs, puisque j'allais déjeuner avec une musulmane. Mais ça, papa ne le savait pas. Il a dit *Je me disais qu'on pourrait aller pêcher* et Jas a pris une trop grosse gorgée de thé et s'est brûlé la langue. J'ai dit *Désolé* et il a répondu *Eh bien, rentre pour cinq heures parce que je vais préparer le dîner.* Jas était en train d'éventer sa langue avec sa main mais elle avait encore les yeux agrandis par le choc.

Papa va beaucoup mieux depuis cette dispute avec Jas. Je crois qu'il a réalisé qu'il ne faisait pas très attention à nous. Il continue de boire mais pas le matin, et il nous a accompagnés à l'école quatre fois, ce mois-ci. Il a même commencé à me poser des questions sur mes cours, des trucs comme ça. Et même s'il n'écoute pas toujours la réponse, j'aime bien lui raconter. Quand je lui ai dit que j'avais tiré le but gagnant pendant le match de foot et que mon équipe était en tête du championnat, il m'a dit *Tu aurais dû me dire que tu jouais. Je serais venu te soutenir*, ce qui était tout à la fois énervant et gentil. Jas était en train de se mettre du vernis à ongles. Elle a juste secoué la tête et m'a fait un signe de la main en soufflant sur ses ongles noirs pour les faire sécher.

C'est une bonne chose que papa ait changé, car Jas trouve que mon plan est nul. Je lui ai dit que j'avais téléphoné au Plus Grand Show pour Jeunes Talents de Grande-Bretagne et que je leur avais donné notre adresse pour que les gens de la télé nous envoient des renseignements concernant les auditions. Elle a dit *Mais il faut avoir un talent pour participer au Plus Grand Show pour Jeunes Talents* et j'ai répliqué *Tu sais chanter* et elle a répondu *Pas aussi bien que Rose*, et ça m'a mis en colère parce que ce n'est pas vrai du tout. Quand les prospectus sont arrivés, je suis allé les montrer à Jas. Je lui ai fait voir la date, le 5 janvier, et l'endroit où se déroulait l'audition la plus proche, le théâtre Manchester Palace. Elle a dit *Tu ne vas pas recommencer avec ça* et j'ai dit *Mais peut-être que ça changera notre vie* et elle a répondu *Arrête de dire n'importe quoi* et *Sors de ma chambre.*

J'ai vu Sunya avant qu'elle me voie. Elle était en train de dévaler la pente vers le bureau de poste. Son hijab volait derrière elle et elle ressemblait vraiment à un superhéros, à filer comme ça à travers les airs. Vendredi dernier, pendant le cours de maths, j'ai demandé à Sunya si elle enlevait parfois son hijab et elle a éclaté de rire. *Je ne le mets que quand je sors de la maison ou si on a des invités.* J'ai demandé *Pourquoi tu dois te couvrir les cheveux* et elle a répondu *Parce que c'est ce que demande le Coran.* Et j'ai dit *C'est quoi, le Coran* et elle a répondu *C'est un peu comme la Bible.* Le truc avec les chrétiens et les musulmans, c'est ça – ils ont tous les deux un dieu et ils ont tous les deux un livre. Ils portent juste des noms différents.

Sunya a bondi vers la boîte aux lettres, elle a attrapé ma main et m'a entraîné vers le haut de la colline en papotant sans interruption. J'étais horriblement nerveux. Je n'avais jamais été dans une maison musulmane auparavant. J'avais peur que ça ne sente le curry, comme papa nous l'avait dit, à Londres. J'avais peur que sa famille ne soit en train de prier ou qu'elle ne parle une autre langue. Et j'avais aussi peur que le père de Sunya ne soit en train de fabriquer des bombes dans sa chambre à coucher. Papa dit que tous les musulmans font ça. Et même si ça m'étonnerait vraiment que le père de Sunya soit un terroriste, papa m'a dit qu'on ne pouvait pas savoir et que même les personnes qui semblent les plus innocentes de la Terre cachent des explosifs dans leurs turbans.

Quand on a passé la porte, un chien a bondi sur Sunya. Il était noir et blanc, avec de longues oreilles et une truffe mouillée et une petite queue qui s'agitait comme une folle. Sammy le chien ressemblait à un animal anglais et non pas à un animal musulman. J'ai lâché un soupir de soulagement. Il était normal, et tout le reste l'était aussi. La maison de Sunya n'était pas différente de la mienne. Dans le salon, il y avait un canapé couleur crème et un joli plaid et une cheminée sur laquelle trônait tout ce qu'il doit y avoir sur une cheminée – des photos, des bougies et des vases pleins de fleurs, et pas de sœurs. Le seul truc musulman de toute la pièce était la photo d'un bâtiment très chic avec des dômes et des flèches. Sunya a dit que c'était un endroit sacré qui s'appelle Mecque et j'ai rigolé car c'était le nom de l'endroit où on jouait au bingo, en bas de la rue, quand on habitait à Finsbury Park.

La cuisine était la pièce la plus intéressante. Je m'attendais à ce qu'elle sente les épices et qu'il y ait des tas de bols remplis de légumes exotiques. Mais elle était exactement comme ma cuisine mais en plus chouette, parce qu'il y avait un paquet de Coco Pops sur une étagère mais pas de bouteilles d'alcool, et que la poubelle sentait la poubelle et rien d'autre.

La mère de Sunya a préparé un milk-shake au chocolat et elle a mis une paille entortillée dans mon verre. Elle portait un foulard bleu et elle avait les mêmes yeux étincelants que Sunya, mais sa peau était plus claire et son visage plus lent. Plus sérieux. Le visage de Sunya est rapide. Il change dix fois par minute. Ses yeux grandissent et rétrécissent et sa tache de rousseur bondit dans tous les sens et ses sourcils s'agitent quand elle parle. La mère de Sunya est calme, gentille et intelligente. Elle a un fort accent, pas comme Sunya, et mon nom sonne différemment quand c'est elle qui le prononce. Elle ne ressemble pas au genre de femme qui épouserait un poseur de bombes, mais on ne sait jamais.

Nous avons bu nos milk-shakes dans la chambre de Sunya. On avait vraiment soif car on avait sauté du lit pour voir qui réussissait à rester le plus longtemps dans les airs. Comme je suis Spiderman, je devais toucher le plafond et essayer d'y rester accroché le plus longtemps possible. Et comme Sunya est Girl M, elle devait faire battre son hijab et essayer de planer au-dessus du tapis. À la fin, on a fait match nul.

Toute une touffe de cheveux s'était échappée du foulard rose de Sunya, je n'en avais jamais vu autant avant. Ils étaient épais et brillants, plus beaux que tous les cheveux de ces publicités où les femmes rejettent leur tête d'un côté et de l'autre. J'ai dit que c'était vraiment triste que le Coran lui demande de couvrir ses cheveux comme si c'était quelque chose de mal. Sunya a aspiré la dernière gorgée de milk-shake au chocolat et elle a dit *Je ne couvre pas mes cheveux parce que c'est mal. Je les couvre parce que c'est bien.* Ça m'a semblé confus alors je n'ai rien dit et j'ai soufflé une bulle en chocolat. Sunya a reposé son verre et elle a dit *Maman réserve ses cheveux à papa. Aucun autre homme ne peut les voir. Ça les rend plus précieux* et j'ai demandé *Comme un cadeau* et elle a dit *Ouais.* Je me suis dit que ç'aurait été vraiment mieux si maman avait gardé ses cheveux pour papa au lieu de les montrer à Nigel, et j'ai dit *Je comprends.*

Sunya a souri et j'ai souri et j'en étais justement à me demander ce qu'on allait faire quand sa mère est entrée dans la chambre à coucher avec des sandwichs. Il y en avait au fromage et d'autres à la dinde et ils étaient même coupés en triangle mais j'étais incapable de manger. J'ai toujours détesté ce jeu qui s'appelle «Passe le paquet». La musique ne s'arrête jamais quand c'est moi qui ai le paquet entre les mains et du coup je ne peux jamais rien déballer. Le hijab de Sunya ressemblait vraiment à du papier cadeau rose et je la voyais déjà repartir, lumineuse, étincelante et parfaite, sans que j'aie pu jeter un coup d'œil sous le papier cadeau.

Sunya avait la bouche pleine de pain donc j'ai commencé par ne pas comprendre ce qu'elle disait. Mais ensuite elle a avalé et elle a demandé *Est-ce que Rose te manque.* C'était la première fois qu'on en parlait depuis la remise, neuf jours plus tôt. J'ai hoché la tête et j'ai ouvert la bouche pour dire *Oui,* comme un robot. Mais ensuite j'ai réalisé qu'on ne m'avait encore jamais posé cette question. C'était toujours

Rose doit tellement te manquer ou *Je suis sûr qu'elle te manque beaucoup,* mais jamais *EST-CE qu'elle te manque,* comme si j'avais le choix. Alors j'ai arrêté de hocher la tête, j'ai changé le mot dans ma gorge et j'ai dit *Non.* Et j'ai souri parce qu'il ne s'était rien passé de grave, le monde ne s'était pas cassé en mille morceaux et Sunya n'avait même pas l'air choquée. Alors je l'ai répété. Plus fort, cette fois. *Non.* Et comme je me sentais vraiment mieux, j'ai regardé autour de moi et j'ai rajouté *Rose ne me manque pas du tout.*

Sunya a dit *Mon lapin ne me manque pas non plus* et j'ai demandé *Quand est-ce qu'il est mort* et Sunya a répondu *Patch a été mangé par un renard il y a deux ans.* J'ai dit *Sammy a quel âge* et elle a répondu *Deux ans. Papa l'a acheté quand Patch est mort parce qu'il savait que je serais triste.* Je me suis dit que ce n'était pas le genre de choses que ferait un terroriste, et quand je suis passé devant la chambre à coucher de ses parents pour aller aux toilettes, il n'y avait aucune trace de bombe.

Après le déjeuner, on a grimpé aux arbres et on s'est assis sur des branches qui se balançaient dans le vent. Les feuilles tourbillonnaient dans le jardin et des nuages filaient dans le ciel et tout semblait frais et libre, comme si la Terre n'était rien d'autre qu'un gros chien qui tendait la tête par la fenêtre d'une voiture roulant à toute allure. J'ai demandé à Sunya si son père était anglais et elle m'a répondu *Il est né au Bangladesh* et j'ai demandé *C'est où le Bangladesh* et elle a dit *Près de l'Inde.* Je ne peux pas m'imaginer un endroit comme ça. Je ne suis jamais allé plus loin que la Costa del Sol, en Espagne, et même s'il y fait beaucoup plus chaud qu'en Angleterre, ce n'est pas très différent d'ici. Il y a des cafés qui vous servent des petits déjeuners anglais complets et j'ai mangé des saucisses et du ketchup tous les matins pendant deux semaines. Alors j'ai demandé *C'est comment* et elle m'a répondu *Je n'en ai pas la moindre idée, mais papa trouve que c'est mieux ici* et j'ai dit *Et pourquoi est-ce qu'il a déménagé* et elle a répondu *Mon grand-père est venu en 1974 pour trouver du travail à Londres.* Ça m'a semblé être vraiment un long trajet, juste pour trouver du travail. J'ai demandé *Il ne pouvait pas aller à l'agence pour l'emploi de Bangladesh,* et Sunya a rigolé. Tout d'un coup, j'ai eu envie de tout savoir sur elle. Plein de questions fusaient, passant de mon cerveau à ma bouche, et la première à sortir a été *Et comment ta famille a-t-elle fini dans le Lake District.* Les jambes de Sunya se balançaient sous la branche pendant qu'elle parlait. *Mon grand-père voulait que mon père travaille beaucoup et qu'il n'ait jamais de problèmes et qu'il fréquente une école de médecine qui soit le plus loin possible de Londres. Alors il est allé à Lancaster, il a rencontré ma maman, ils se sont mariés ils ont emménagé ici.* Elle a ajouté *Ils ont eu un coup de foudre* et elle s'est tournée vers moi pour me regarder. Ses jambes avaient arrêté de se balancer. Toutes les questions que je voulais poser se sont volatilisées comme la vapeur, en cours de sciences physiques. J'ai répété *Un coup de foudre* et elle a hoché la tête, elle a souri et, d'un bond, elle a sauté de l'arbre.

*

J'ai fait attention à être rentré pour cinq heures. Quand j'ai ouvert la porte, Roger est passé en courant comme s'il attendait depuis longtemps qu'on le laisse sortir. L'entrée était remplie d'une fumée épaisse. *J'espère que tu aimes quand c'est bien croustillant,* a dit papa quand je suis entré dans la cuisine. Il avait dressé la table, il avait même allumé une bougie et Jas était déjà assise à sa place avec ses cheveux tout ébouriffés et chic, et un énorme sourire aux lèvres. Je n'arrivais pas à y croire. Papa avait fait des grillades et cela m'était complètement égal que le poulet soit noir sur le dessus.

Les patates étaient trop grasses et la sauce était trop salée et les légumes étaient vraiment ramollis mais j'ai mangé jusqu'à la dernière miette pour compenser au cas où Jas ne toucherait pas à son assiette. J'aurais même mangé les Yorkshire Puddings, s'ils n'étaient pas restés collés au moule. On s'amusait vraiment bien et on parlait vraiment, pour une fois, quand tout d'un coup papa s'est mis à dire des trucs sur Sunya. Il a demandé *Est-ce que tu savais que Jamie a une petite amie.* Jas a poussé un cri et mon estomac a chuté d'un cran. Elle a dit *C'est pas vrai* d'une voix aiguë et je suis devenu tout rouge. Elle a rigolé *C'est l'effet déodorant. Ça explique tout.* Papa a fait un clin d'œil à Jas. *Elle s'appelle Sonia, et elle a l'air vraiment sympa.* Il s'est moqué de moi en disant *Les amourettes de jeunesse* et j'ai dit *Papaaaaaa* de cette manière à moitié grognon, à moitié fière qui ne lui demandait pas sérieusement d'arrêter.

Jas s'est éclairci la voix. J'ai su ce qui allait venir et j'ai consciencieusement rongé ma cuisse de poulet, comme Sammy le chien. Elle a dit *Eh bien, puisqu'on en parle, il y a quelque chose que je devrais vous dire.* Papa a laissé tomber sa fourchette. *J'ai un petit ami.*

Papa a baissé les yeux. Jas a coupé une carotte en tout petits morceaux. J'ai trempé mes doigts dans la sauce de mon assiette. J'étais justement en train de les lécher quand papa a dit *Très bien,* sans lever les yeux. Jas a répété *Très bien* d'une toute petite voix et papa a soupiré et il a redit *Très bien,* et je me suis senti exclu alors je l'ai dit moi aussi. Mais personne ne m'a entendu car Jas s'était levée d'un bond pour entourer papa de ses bras. Elle lui a fait le premier câlin que j'aie jamais vu. Le visage de Jas était tout rose et heureux mais celui de papa était tendu et triste, je ne sais pas pourquoi.

Jas s'est mise à chanter pendant qu'elle faisait la vaisselle. J'ai arrêté d'essuyer les assiettes et je l'ai regardée droit dans les yeux. *Tu as vraiment une super voix.* Elle a répliqué *Je ne participerai pas à ce concours débile* et j'ai répondu *Je sais* et elle a dit *Alors, parle-moi de ta copine.* J'ai pensé à la tache de rousseur, aux cheveux brillants, aux yeux étincelants, aux lèvres qui riaient tout le temps et aux doigts bruns de Sunya et avant même de pouvoir me retenir j'ai dit *Elle est belle.* Jas a fait semblant de vomir dans l'évier alors je l'ai fouettée avec le torchon et on a commencé à rigoler. Papa est entré dans la cuisine pour ranger les plats et nous dire d'arrêter de faire les idiots. On était comme une vraie famille, et pour la première fois maman ne m'a pas manqué. Le lion d'argent nous dévisageait à travers la fenêtre de la maison. Ce n'était peut-être que Roger, mais j'ai eu l'impression d'entendre un ronronnement.

12

Il y avait des milliers d'étoiles au-dessus de la maison, pas un nuage et une lune énorme qui ressemblait à une soucoupe pleine de lait. Je l'ai montrée à Roger. Il m'avait suivi dehors et s'était assis sur mes genoux pour fixer le ciel de ses yeux verts brillant d'intelligence. On n'arrivait à dormir ni l'un ni l'autre, et j'étais bien content qu'il soit là pour me tenir compagnie. Mes doigts étaient bien au chaud dans sa fourrure et je pouvais sentir son cœur battre contre mes genoux. La nuit sentait le froid et le secret, exactement comme la remise, et je me suis demandé si Sunya était en train de dormir sous la couette bleue que j'avais vue dans sa chambre, deux jours plus tôt. Ça m'a donné mauvaise conscience de penser à elle, alors j'ai secoué la tête, j'ai cligné trois fois des yeux et j'ai fixé la mare en me rappelant les lois gravées dans la pierre que Dieu avait jetées à ce drôle de type qui s'appelle Moïse.

Ce matin, Mme Farmer nous a expliqué qu'il faut suivre les Dix Commandements si on veut aller au paradis. Elle a dit *Dieu les a donnés à Moïse sur une pierre en haut d'une montagne, et ce sont les règles d'après lesquelles tout le monde devrait vivre.* Au début, je ne l'écoutais pas vraiment parce que, pour être honnête, le paradis ne me tente pas plus que ça. Autant que je puisse en juger, tout ce qu'il a de spécial, c'est qu'il est plein d'anges qui chantent des chants de Noël, et puis tout y est un peu trop clair, aussi. Il va falloir que je veille à être enterré avec des lunettes de soleil. Mais, à un moment, Mme Farmer a dit *La cinquième loi est la plus importante : tu respecteras ton père et ta mère.* Tout d'un coup, je me suis senti mal. Partager des sandwichs triangulaires avec une musulmane, ça veut dire que je ne respecte vraiment pas papa.

Il y a eu un tintement de bracelets quand la main de Sunya s'est projetée en l'air. Avant même que Mme Farmer ne lui ait donné la parole, elle a demandé *Et qu'est-ce qui se passe si on n'obéit pas aux lois.* La maîtresse a répondu *Ne m'interromps pas.* Sunya a poursuivi *Est-ce qu'on va en enfer.* Ensuite, elle a écarquillé les yeux et elle a ajouté *Et est-ce qu'il y a le diable.* Mme Farmer a pâli et elle a croisé les bras. Elle a jeté un coup d'œil à l'affiche avec les nuages et un autre à Daniel. Il dévisageait Sunya comme s'il n'en revenait pas qu'elle remette ça sur le tapis, mais Sunya l'a ignoré et s'est gratté la tempe avant de demander très gentiment *À quoi ressemble le diable.* Toute la classe a commencé à rire. Sunya n'a même pas souri, elle avait toujours les yeux grands ouverts et pleins de curiosité. La bouche de Daniel formait un grand O noir au milieu de son visage rouge et luisant. *Ça suffit comme ça,* a dit Mme Farmer et ses mots ont sonné bizarrement parce qu'elle les poussait entre les petits interstices de ses dents serrées. Ils m'ont fait penser à du fromage râpé. *Voyons les autres commandements.*

Sunya m'a fait un clin d'œil et je lui en ai rendu un, mais la règle numéro cinq m'avait donné mauvaise conscience. *Tu respecteras ta mère et ton père.* Voilà ce qu'il avait dit, Dieu. Et moi, je ne trouvais rien de mieux à faire que des clins d'œil à une musulmane, comme si c'était normal de faire quelque chose que papa détesterait. Tout d'un coup, j'ai réalisé que ça n'avait aucune importance que mon ange saute chaque nuage et qu'il atteigne le haut de l'affiche, dans la classe. S'il y avait un vrai paradis au lieu d'un paradis découpé dans du carton doré, je n'y entrerais pas parce que j'étais en train de désobéir aux commandements. Je ne sais pas pourquoi, mais ça m'a fait penser à Rose. Je ne sais pas où se trouve son esprit, mais s'il est au paradis, je parie qu'il se sent un peu seul. J'ai imaginé le fantôme de Rose assis tout seul sur un nuage blanc, sans coude, sans clavicule, sans famille et sans amis. Je n'arrivais pas à me sortir cette idée de la tête et ça m'a donné une nausée qui ne m'a pas quitté de la journée et m'a empêché de dormir.

Il y a eu un bruissement dans les buissons. Roger a bondi de mes genoux et il a rampé dans l'obscurité, le ventre aplati sur l'herbe haute. Je me suis penché en avant et j'ai essayé de discerner mon poisson dans l'eau argentée. Il était caché sous un nénuphar, tout seul, alors je l'ai un peu remué. Il a nagé jusqu'à mes doigts et les a mordillés comme s'ils étaient de la nourriture. Je me suis demandé où étaient ses parents. Peut-être qu'ils étaient restés dans une rivière ou dans la mer. Ou alors peut-être que cette mare était une sorte de paradis pour poissons et que le reste de sa famille n'était pas encore mort. Et même si je savais que c'était impossible, ça m'a rendu tellement triste pour mon pauvre vieux poisson solitaire que je lui ai tenu compagnie pendant des lustres. Je serais sans doute resté là toute la nuit si le lapin n'avait pas commencé à crier.

J'ai mis mes mains sur mes oreilles et j'ai fermé mes yeux en serrant mes paupières aussi fort que je le pouvais, mais c'était difficile de ne pas l'entendre. Quand j'ai rouvert les yeux, Roger était à côté de moi en train de frotter sa tête contre mon coude, un lapin mort posé sur mes genoux. Je ne voulais pas regarder mais je n'ai pas pu m'en empêcher, comme quand quelqu'un a quelque chose à manger ou une tache de naissance sur le visage et qu'on n'arrête pas de la fixer sans faire exprès. C'était un bébé lapin. Son corps était minuscule et sa fourrure était tout ébouriffée et ses oreilles avaient l'air flambant neuves. J'ai essayé de toucher son nez mais chaque fois que mon doigt s'approchait des moustaches, mon corps tressaillait comme si j'avais été électrocuté. Je ne voulais pas laisser le lapin là mais je n'arrivais pas à le toucher non plus, alors finalement j'ai trouvé deux branches dont je me suis servi comme de baguettes. J'ai attrapé le lapin par une de ses oreilles, je l'ai entraîné loin de la mare et je l'ai laissé tomber près des buissons. J'ai recouvert le lapin d'herbe, de feuilles, de tout ce que j'ai trouvé. Roger ronronnait à mes côtés, comme s'il m'avait fait un cadeau.

Je me suis allongé par terre, je l'ai regardé dans les yeux et je lui ai récité le sixième commandement. *Tu ne tueras pas.* Roger a ronronné de plus belle, la queue bien droite, tout fier. Il ne comprenait vraiment rien, ça m'a énervé. Je l'ai laissé entrer dans la maison mais je lui ai fermé la porte de ma chambre à la figure et j'ai essayé de dormir. Pour la première fois de ma vie, j'ai rêvé de Rose.

*

Mme Farmer a accroché les Dix Commandements au mur qui se trouve juste en face de ma chaise. Même si je voulais oublier la loi numéro cinq, ce serait impossible. C'était comme si les orbites de papa étaient épinglées sur l'affiche et qu'elles me regardaient.

Au début du cours de maths, Sunya n'a pas arrêté de chuchoter *Qu'est-ce qui se passe* et je n'ai pas arrêté de lui répondre *Rien,* mais je n'arrivais pas à la regarder sans penser à Rose. Elle a fini par dire *Bon, d'accord,* et elle m'a demandé si j'avais un nouveau plan de revanche. Le frère de Sunya pense que ce n'est pas bien de casser la figure à un garçon de dix ans, alors il nous faut un nouveau plan. Elle veut absolument punir Daniel mais moi je n'en ai pas envie. Elle répète tout le temps *Si tu le laisses s'en sortir comme ça, il va recommencer,* mais je ne crois pas que ce soit vrai. Daniel aime gagner et maintenant qu'il a gagné, il ne s'intéresse plus à cette histoire. Il ne m'a pas embêté depuis des lustres. Ça fait plusieurs jours qu'il ne m'a pas donné de coups de pied, qu'il ne m'a pas bousculé ou traité de crétin. C'est fini, j'ai perdu mais c'est pas grave.

Enfin si, c'est grave, mais je ne peux pas gagner alors je joue le bon perdant. À Wimbledon, il y a un joueur de tennis qui arrive souvent en finale mais qui ne remporte jamais un trophée. Tout le monde dit toujours des choses comme *C'est un gentleman* et *Il a vraiment l'esprit sportif* car il se contente de sourire, de hausser les épaules et d'accepter d'être le deuxième meilleur. Donc moi, je fais pareil, parce que si j'essayais de battre Daniel je perdrais et je me ferais casser la figure.

Au milieu du cours de maths, Mme Farmer a dit qu'elle avait quelque chose de très important à nous dire. Les poils de son grain de beauté ont commencé à bouger et son menton tremblotait. Elle a dit *Les agents de l'Ofsted*[1] *vont venir nous rendre visite* en jetant

1. Il s'agit de l'Office For STandards in EDucation, Children's Services and Skills, un service gouvernemental chargé d'inspecter les services locaux, garderies, centres pour enfants, écoles publiques, écoles

un coup d'œil à la porte comme s'ils allaient faire irruption d'un instant à l'autre. Ofsted, ça sonnait comme l'armée, ou quelque chose comme ça, et j'étais justement en train de me demander s'ils auraient des pistolets quand Mme Farmer a ajouté *Ce sont des inspecteurs.* La main de Daniel s'est levée d'un coup et il a dit *Mon père est inspecteur en chef à la police.* Mme Farmer a dit *Ce n'est pas bien de se vanter* et Sunya a ri très fort, exprès. Mme Farmer a dit *Ces inspecteurs-là ne font pas partie de la police. Ce sont des hommes et des femmes spécialisés, qui examinent les écoles et leur donnent une note – Remarquable, Bien, Satisfaisant ou Faible.* Son visage pâlissait à vue d'œil, même ses yeux semblaient perdre ce qui leur restait de coloré. *La semaine prochaine, ils vont venir me regarder travailler, et il est Très Important que nous montrions aux inspecteurs que nous travaillons très bien ensemble. Il est Très Important que vous vous comportiez comme de bons garçons et de gentilles filles. Peut-être qu'ils vous poseront des questions, et il est Très Important que vous soyez polis et intelligents, et que vous disiez des choses gentilles sur votre classe.* Sunya m'a fait un grand sourire et j'ai tout de suite compris ce qu'elle pensait. J'ai eu envie de lui sourire, moi aussi, mais je ne l'ai pas fait.

Pendant la récréation, j'ai passé douze minutes dans les toilettes à respecter papa. J'ai mis mes mains en dessous du séchoir et j'ai fait comme si c'était un monstre-cracheur-de-feu. Mes mains étaient en train de prendre feu et les flammes étaient vraiment brûlantes mais j'étais suffisamment fort pour prendre sur moi et je n'ai même pas crié. C'était un chouette jeu, mais pas aussi chouette que d'être assis sur le banc ou de traverser la porte secrète avec Sunya. Mais je ne

---

privées, etc. Il publie entre autres un rapport annuel au Parlement sur la qualité de l'offre éducative en Angleterre.

peux plus faire ça. Au cas où il y aurait un paradis et que l'esprit de Rose serait coincé tout seul là-haut, il faut que Dieu me laisse entrer, moi aussi. Alors il faut que je respecte les Dix Commandements. Tous. Y compris le numéro cinq.

*

Ça fait deux jours que je n'ai pas parlé à Sunya. Papa nous a accompagnés à l'école et il a fait le dîner tous les jours depuis les grillades, donc je crois que je suis sur la bonne voie. C'est très dur. Mon estomac a fait un vol plané quand j'ai retrouvé la bague en Patafix dans mon tiroir. Ça devrait être plus simple maintenant que nous ne sommes plus amis, mais moi je trouve que c'était mieux quand elle n'arrêtait pas de me demander *Qu'est-ce qu'il y a* et *Pourquoi est-ce que tu es bizarre.* Au moins, j'entendais sa voix.

Je me sens comme ces drogués, dans les films, qui ne pensent à rien d'autre qu'à leurs pilules. Moins ils en ont, plus ils les veulent, jusqu'à ce qu'ils deviennent fous et qu'ils cambriolent un supermarché pour récupérer l'argent. Je ne suis pas en train de dire que je vais cambrioler la petite épicerie de l'école, ou quoi. Je ne crois pas que Sunya serait de nouveau mon amie, même si je lui donnais tout le chocolat qui se trouve dans le placard du monsieur de l'accueil. C'est là que se tient la petite épicerie de l'école pendant les récréations du mercredi et du vendredi.

Leo est venu dîner à la maison, ce soir. Papa a fait des pizzas. Elles venaient du magasin mais il avait coupé des petits bouts de jambon et il a versé un bol d'ananas dessus pour lui donner un goût tropical. Maman faisait comme ça. À table, on n'a pas beaucoup parlé. Papa ignorait Leo et Leo avait l'air nerveux, et j'ai bien vu que Jas n'était pas très à l'aise, elle non plus. Elle n'arrêtait pas de me poser des questions qu'elle m'avait déjà posées avant. Elle a dit *Alors, comment ça se passe au foot* alors que je lui ai dit la semaine dernière qu'il n'y aurait pas de match avant Noël. Et ensuite elle a demandé *Et comment est ton proviseur*, mais elle le sait mieux que moi puisqu'elle lui a parlé au téléphone. Mais j'ai quand même répondu du mieux que je le pouvais. Elle voulait juste qu'il y ait un maximum d'autres bruits que celui du raclement des couteaux sur les assiettes et du regard de papa sur les cheveux verts de Leo.

Après le dîner, Leo n'arrêtait pas de répéter *Merci* et *C'était vraiment génial*, comme si on avait eu un festin et non pas des pizzas du supermarché. Papa a grogné quelque chose que je n'ai pas entendu et ça m'a énervé, car grand-mère dit toujours *Les bonnes manières, ça ne coûte rien.* Jas a pris Leo par la main et les yeux de papa sont sortis de leurs orbites quand elle l'a attiré vers les escaliers. Il a dit *Je ne crois pas, non* et il a désigné le salon du doigt. Le visage de Jas était comme une de ces tomates cuites qu'on reçoit dans les petits déjeuners anglais complets, en Espagne. J'étais désolé pour elle mais comme je voulais respecter papa, je n'ai rien dit et je l'ai aidé à faire la vaisselle. Il a tout lavé trop fort, les bulles ont débordé de l'évier. J'avais envie de lui demander pourquoi il était en colère mais je n'ai pas osé. Au lieu de ça, je lui ai raconté l'histoire de Moïse et de la pierre, mais il est sorti avant la fin et il est allé se chercher une bière.

13

La nuit dernière, j'ai rêvé de Sunya. Je lui demandais sans arrêt de me montrer ses cheveux et j'essayais de toucher son hijab, mais elle se baissait et elle le faisait tourner autour de sa tête. Je demandais de nouveau. Et encore une fois. Je n'arrêtais pas de la supplier et j'étais de plus en plus désespéré mais, chaque fois que je le lui demandais, le hijab se resserrait et son visage rétrécissait, jusqu'à ce qu'il recouvre tout sauf l'un de ses yeux. Cet œil n'étincelait pas, il me fixait tout le temps et ensuite il se transformait en une bouche qui disait *Rentre à Londres.* Quand je me suis réveillé, mon corps était tout en sueur, mes cheveux collaient et Sunya me manquait tellement que j'avais mal au cœur.

Dans la voiture, sur le chemin de l'école, papa disait *Non* et Jas boudait. Elle répétait sans arrêt *Mais tu avais dit d'accord* et papa répondait *D'accord pour avoir un petit ami, mais pas pour aller à des rendez-vous.* Elle a répondu *On voulait juste aller au cinéma* et il a dit *Leo a les cheveux verts.* Jas a dit *Et alors* et papa a dit *C'est étrange* et Jas a répliqué *Ce n'est pas étrange du tout,* et j'étais bien d'accord avec elle mais je n'ai rien dit. Papa a dit *Les garçons qui se teignent les cheveux sont un peu*... et ensuite il s'est tu. Jas a écarquillé les yeux. Elle a crié *Ils sont un peu QUOI, exactement* et j'ai prié Dieu d'envoyer une deuxième pierre de là-haut pour assommer papa et le faire taire. Il a dit *Ils sont un peu féminins* et Jas a dit *Tu veux dire HOMOS* et papa a répliqué *C'est toi qui l'as dit, pas moi.*

Il y a eu un silence qui s'est prolongé jusqu'à ce que Jas dise *Arrête la voiture.* Papa lui a répondu *Ne sois pas ridicule,* et Jas a crié *Arrête cette SALETÉ de bagnole.* Papa s'est rangé sur le bas-côté et quelqu'un a klaxonné. Jas a sauté de la voiture et a claqué la porte. Elle était en train de pleurer, papa criait et les fenêtres étaient pleines de buée. Quelqu'un a klaxonné une seconde fois. Papa a jeté un coup d'œil au rétroviseur et il a dit *Ne me dis pas ce que je dois faire dans mon propre pays.* J'ai essuyé la vitre et, dans la voiture derrière, j'ai vu Sunya avec sa mère. Papa a démarré trop vite en laissant Jas sous la pluie et il s'est lancé dans une tirade sur les Pakistanais, sur le fait qu'ils ne travaillent pas et qu'ils passent leurs journées vautrés sur leur canapé à encaisser l'argent du gouvernement avant de faire exploser le pays qui les faisait vivre.

Et là, tout d'un coup, alors qu'on contournait un mouton qui broutait de l'herbe près de la route, le neuvième commandement m'est revenu à l'esprit. *Tu ne porteras pas de faux témoignage contre ton prochain.* Hier, quand Mme Farmer a demandé ce que cela voulait dire, Daniel a levé la main et il a dit *Ne raconte pas de mensonges sur tes voisins.*

Je me suis redressé sur mon siège. *Ne raconte pas de mensonges.* Mon cœur s'est mis à battre plus vite. *Sur tes voisins.* La radio s'est allumée et la musique était forte mais moi, tout ce que j'entendais, c'était les mensonges de papa. *Tous les musulmans sont des assassins. Trop paresseux pour apprendre l'anglais. Fabriquent des bombes dans leur chambre à coucher.* Tout d'un coup, mon cœur s'est arrêté. Papa portait des Faux Témoignages. Sunya n'habite qu'à trois kilomètres de chez nous, donc il a vraiment désobéi. Le commandement dit *tes voisins* et non pas *tes voisins de palier*, ce qui aurait été différent.

La voiture s'est rangée devant l'école et papa a dit *File.* J'ai hoché la tête mais je n'ai pas bougé. Papa portait des Faux Témoignages. Il a aboyé *Dépêche-toi* tout en regardant les essuie-glaces pousser l'eau d'un côté et de l'autre du pare-brise. J'ai défait ma ceinture de sécurité. Je suis sorti de la voiture. Papa est parti sans me dire au revoir et, pendant que la voiture filait sur la pente, j'ai levé mon majeur vers le ciel. Il portait deux bagues au lieu d'une, maintenant. La pierre blanche et la pierre marron se touchaient presque. J'ai juré contre Dieu et j'ai juré contre Moïse. Ensuite, j'ai baissé ma main et j'ai juré contre papa malgré le cinquième commandement, et ça m'a fait du bien. La voiture a disparu au coin et j'ai couru dans l'école pour rejoindre Sunya.

*

Mme Farmer a dit *Comme c'est bientôt Noël, nous allons commencer à travailler sur la naissance de Jésus.* Tout le monde a grogné et je me suis dit que cette école était pareille à celle d'avant. À Londres, on étudiait Jésus pendant tous les mois de décembre et on préparait le sketch de l'étable pour les mamans et les papas. Ils devaient en avoir ras-le-bol de voir toujours la même pièce, tous les ans. Jusqu'à maintenant, j'ai été une fois un mouton, une fois l'arrière-train d'un âne et une fois l'étoile de Bethléem, mais jamais une personne. Mme Farmer a dit *Il est important de connaître la vraie signification de Noël* et j'ai chantonné tout doucement *Merci, petit Jésus. J'ai bien mangé, j'ai bien bu, j'ai la peau du ventre bien tendue, merci, petit Jésus.* Sunya n'a même pas souri.

Mme Farmer a dit *Nous allons raconter l'histoire de la naissance du Seigneur du point de vue de Jésus.* Jésus n'a sans doute rien vu hormis l'intérieur du ventre de Marie, des tonnes de paille et quelques narines poilues quand les bergers ont jeté un coup d'œil au berceau. Mais Mme Farmer a ajouté *Ce sera le devoir le plus important de l'année. Je voudrais que vous fassiez de votre mieux pour que je vous donne une bonne note et que vous puissiez le montrer à vos mamans et à vos papas pendant la soirée des parents.* J'avais rempli quatre pages quand Mme Farmer a dit *Posez les crayons.* Maman va l'adorer, surtout le moment où le ventre de Marie est tout rouge et lumineux à cause de la lumière de l'ange Gabriel. D'ailleurs je l'ai transformé en femme dans mon histoire, au cas où papa la lirait pendant la soirée des parents. S'il croit que les garçons avec des cheveux verts sont homos, qu'est-ce qu'il doit penser des hommes avec des ailes.

J'ai arraché une page de mon cahier de brouillon et j'ai écrit un mot à Sunya. J'ai mis *Retrouve-moi dans la remise à la récré* et j'ai pris mes stylos spéciaux pour rajouter un visage souriant avec des cornes de démon. Elle a lu le mot mais son visage n'a pas bougé. Quand on a pu sortir, j'ai vite couru vers le bureau d'accueil. Finalement, je n'ai pas pointé de pistolet vers Mme Williams en lui demandant toutes ses barres chocolatées, ni rien de ce genre. J'ai juste acheté un Balisto avec l'argent de grand-mère et j'ai couru dehors et j'ai disparu dans la porte secrète.

J'ai fait rebondir une balle de tennis cinquante et une fois avant de réaliser que Sunya ne viendrait plus.

Ça m'a énervé qu'elle boude, alors j'ai ouvert le Balisto et j'étais sur le point d'en manger un gros bout quand je me suis arrêté. Ma bouche salivait comme une folle mais j'ai refermé l'emballage de la barre chocolatée et je l'ai glissée dans ma chaussette. Il n'y a pas de poches dans ce pantalon. Pendant le cours de maths, j'ai écrit un deuxième mot à Sunya et je lui ai demandé de me retrouver à la remise à l'heure du déjeuner. Cette fois, j'ai ajouté *S'il te plaît* et *P.-S. J'ai une surprise pour toi.* Je voulais lui donner envie de venir.

J'ai mangé mes sandwichs assis sur un ballon de foot. Je n'arrêtais pas de rouler d'un côté et de l'autre, c'était difficile de rester en équilibre et j'ai fait tomber une de mes tranches de pain par terre. Chaque fois que j'entendais un craquement et même quand je n'entendais rien, mon cœur explosait, ma jambe droite tressautait et ma bouche était trop sèche pour avaler le pain. Mes yeux étaient rivés sur le trait de lumière, à côté de la porte. Je n'arrêtais pas d'espérer qu'il allait s'agrandir jusqu'à devenir un carré et que Sunya serait là, une silhouette devant le soleil. Mais la poignée ne s'est pas tournée et la porte est restée fermée.

J'ai attrapé une raquette de tennis et j'ai envoyé une balle contre le mur. J'ai recommencé. Encore et encore et encore. Plus vite et plus fort chaque fois. La sueur coulait le long de mon dos, mon souffle était bruyant et là, tout d'un coup, j'ai senti un coup sur mon épaule. J'ai raté la balle qui est venue s'écraser sur mon visage. Sunya a dit *Ça va* et c'est sûr, ç'aurait dû me faire mal mais je n'ai rien ressenti d'autre que la joie de la voir.

J'ai hoché la tête et j'ai enlevé la bague de mon majeur. Je la lui ai tendue et elle l'a regardée, regardée, sans rien dire, pendant un millénaire. Alors j'ai dit *Eh ben, mets-la,* elle a demandé *C'est tout* et j'ai répondu *Tout quoi,* alors elle a secoué la tête et elle a commencé à repartir. Elle avait déjà atteint la porte quand j'ai crié *Ne pars pas.* Elle m'a demandé *Pourquoi pas* et j'ai dit *Ta surprise.* J'ai baissé ma chaussette et je lui ai offert le Balisto.

L'expression de son visage était exactement la même que celle que j'ai eue quand Roger a déposé un lapin mort devant moi. Elle s'est détournée, elle est sortie de la remise en courant et elle m'a claqué la porte au nez. Les murs ont tremblé et tout est devenu sombre. J'ai baissé les yeux vers ma main. Le Balisto était tout émietté et gluant, et en plus il y avait des peluches blanches collées dans le chocolat fondu.

J'ai regardé autour de moi pour trouver quelque chose d'autre à lui offrir. Le seul cadeau qui avait l'air intéressant était un javelot, mais c'était difficile de le sortir d'ici sans être repéré par la grosse dame de la cantine. La remise est moins marrante quand on est tout seul alors je suis sorti sous la pluie et mon regard a été attiré par quelque chose de jaune. J'ai eu une idée.

Il restait dix minutes de récréation. J'ai fait le tour de la cour en essayant de trouver Sunya avec ma nouvelle surprise cachée derrière mon dos. Je l'ai aperçue avec Daniel et j'ai été jaloux pendant une milliseconde, jusqu'à ce que je réalise qu'ils étaient en train de se disputer. Je suis resté en retrait parce que je ne voulais pas me faire casser la figure, mais je l'ai entendu dire *Face de curry* et *Tu pues* avant de partir en courant. Je me suis approché de Sunya. Mes paumes étaient toutes moites et mon cœur bondissait et tapait contre mes côtes comme le chien Sammy contre le portail de Sunya. J'ai dit *Surprise* et je lui ai tendu les fleurs que je venais de cueillir. Le bouquet était vraiment joli, même s'il y avait beaucoup de pissenlits. J'ai été tout étonné qu'elle se mette à pleurer.

Sunya est forte, Sunya, c'est Girl M. Sunya, c'est le soleil, les sourires et les étincelles. Mais cette fois, Sunya était différente, et le chien dans ma poitrine a tristement baissé la queue. J'ai dit *Qu'est-ce qu'il y a* et elle a seulement secoué la tête. Des larmes coulaient le long de ses joues, l'une après l'autre. Elle reniflait en mordant sa lèvre tremblante. J'ai demandé *Alors, tu les veux* et c'est sorti trop fort, presque comme si j'étais furieux alors qu'en fait j'étais en colère contre Daniel qui l'avait fait pleurer et avait gâché ma surprise. Elle a arraché les fleurs de ma main et les a jetées par terre. Ensuite, elle les a écrasées en traînant ses pieds et les pétales se sont étalés sur le sol. Elle a crié *Je ne veux PAS de tes fleurs débiles et de ton chocolat débile* et je suis resté interdit parce que je ne savais pas quoi lui donner d'autre. Alors j'ai dit *Bon, eh ben, qu'est-ce que tu veux, alors* et elle a hurlé *Je veux que tu me demandes PARDON.*

Je l'ai regardée, je l'ai vraiment regardée et elle m'a regardé elle aussi avec dans ses yeux une douleur qui était grande et brute et vraie. Et, tout d'un coup, mes yeux ont vu tout le mal que je lui avais fait et mes oreilles ont entendu toutes les choses méchantes que je lui avais dites. Je me suis souvenu que j'étais parti en courant quand elle m'avait offert la bague. Je me suis souvenu que je lui avais dit *Laisse-moi tranquille* devant le bureau du proviseur. Je me suis souvenu que j'étais parti sans rien dire à Halloween, que je lui avais dit de la fermer après le match de foot et que je l'avais ignorée sans raison après avoir été chez elle. Enfin, pas vraiment sans raison. J'essayais d'entrer au paradis, à ce moment-là, mais ce n'est pas une excuse valable. J'ai attrapé sa main et Daniel a crié *Cette pédale de*

Spiderman a attrapé Face de curry, mais je l'ai ignoré. J'ai dit *Je suis désolé* et je le pensais vraiment. Sunya a hoché la tête mais elle n'a pas souri.

14

J'ai demandé à Sunya si elle voulait qu'on rentre ensemble mais elle a répondu *Non, merci.* Elle était de nouveau mon amie puisqu'elle m'avait emprunté mes crayons spéciaux pour dessiner une carte, en cours de géographie, mais ce n'était plus pareil. J'ai raconté trois blagues, y compris la blague la plus marrante de la Terre, celle avec le coup du Toc Toc, mais elle n'a même pas ri. Pendant le cours d'histoire, je lui ai rendu la bague en Patafix mais elle l'a mise dans sa trousse au lieu de la mettre à son doigt.

Ça m'a pris des lustres de rentrer à la maison. Mes pieds et mon sac me semblaient beaucoup plus lourds que d'habitude. Roger a surgi d'un buisson quand j'étais à deux minutes de la maison et je lui ai dit *Pardon* à lui aussi. Chasser, c'est un truc de chats et je n'ai pas le droit d'être en colère quand il tue des bêtes. Il m'a suivi jusqu'à la maison et on est restés assis sous le porche pendant longtemps, mon dos contre la porte et le dos de Roger contre le sol, ses pattes orange pointant vers le ciel. Je le taquinais avec un lacet de chaussure et il jouait avec en miaulant comme s'il avait complètement oublié notre dispute.

J'aurais bien aimé que les filles soient aussi simples que les chats.

Quand je suis entré dans la maison, elle n'était pas pareille que d'habitude. Vide. Sombre. La pluie battait contre les vitres et les radiateurs étaient glacés. Dans la cuisine, il n'y avait rien sur le feu et papa n'a pas dit *Comment s'est passée ta journée.* Même s'il ne me l'avait demandé que quelques fois, j'avais commencé à m'y habituer. Ce silence gris m'a effrayé. J'avais envie de crier *Papa,* mais j'ai eu peur de ne pas avoir de réponse alors j'ai commencé à siffloter en allumant toutes les lampes. Je craignais de trouver une note sur la table, sur laquelle il y aurait écrit *Je n'en peux plus.* Il n'y en avait pas, mais n'empêche que papa était introuvable.

Tout d'un coup, j'ai vu la porte de la cave. Elle était ouverte. Pas beaucoup, juste entrebâillée. En bas, il faisait noir. J'ai actionné l'interrupteur. Rien. Je n'arrêtais pas de penser à Candyman alors je suis allé chercher une cuiller en bois dans un tiroir de la cuisine, juste au cas où, mais j'ai vite réalisé qu'une cuiller en bois ne ferait sûrement pas le poids face à un crochet alors j'ai pris un tire-bouchon. J'ai descendu la première marche. Mes orteils me faisaient mal, à cause du béton froid. J'ai chuchoté *Papa.* Pas de réponse. J'ai descendu une deuxième marche. Dans le fond de la cave, j'ai aperçu le halo jaune d'une torche. J'ai répété *Papa. Est-ce que tu es là.* Quelqu'un respirait difficilement. Mon pied a commencé à s'approcher doucement de la troisième marche, mais ensuite je n'ai pas pu le supporter plus longtemps et je me suis lancé.

On s'était fait cambrioler. C'était la seule explication. Je ne voyais même plus le sol de la cave tellement il y avait d'objets éparpillés dessus. Des photos, des livres, des vêtements, des jouets et puis les jambes de papa qui surgissaient d'une grande boîte. Je me suis demandé *Comment est-ce qu'ils sont entrés* tout en me balançant sur la dernière marche, parce que je ne savais plus où poser mes pieds. Je n'avais pas vu de vitre brisée. *Qui a fait ça.* Papa était penché dans la boîte et soudain j'ai remarqué l'inscription sur le côté du carton. *SACRÉ.* Les bras de papa s'agitaient et tout d'un coup sa main a trouvé quelque chose qu'elle a brandi par-dessus sa tête avant de la laisser retomber par terre. J'ai murmuré *C'est toi.*

Papa a émergé de la boîte. Il était pâle à la lumière de la torche et ses cheveux noirs étaient dressés sur sa tête. Un badge sur lequel on pouvait lire *J'ai sept ans aujourd'hui* pendait à sa chemise tachée. Il a lancé *Je l'ai retrouvée* en brandissant une peinture. *Elle est géniale, non.* Ce n'était même pas un dessin, juste cinq taches informes sur une feuille de papier froissée, mais j'ai mordu ma langue et j'ai hoché la tête. *Elles sont tellement petites,* James. *Regarde comme elles sont petites.*

J'ai marché sur une chaussure avec une boucle et une petite robe à fleurs et une vieille carte d'anniversaire à laquelle manquait un badge. Je me suis penché en avant. De près, j'ai vu que les taches étaient en fait des empreintes de mains. Il y en avait deux grandes, sur lesquelles était écrit maman et papa, deux petites sur lesquelles était écrit Jas et Rose, et une minuscule avec mon nom. Elles étaient entourées d'un cœur et quelqu'un avait écrit *Bonne fête des Pères* dans le cœur. Sans doute maman, parce que l'écriture était très propre.

C'était un beau dessin, mais quand même pas au point de l'embrasser. Les lèvres de papa se pressaient contre la main de Jas, puis celle de Rose, puis de nouveau celle de Jas. Il a dit *Quels jolis noms* de sa voix tremblante qui me tapait sur les nerfs. *Jasmine et Rose.* Il a caressé les vieilles empreintes des mains des jumelles. *C'est comme ça que je les ai gardées en mémoire.* Moi, j'étais embarrassé alors j'ai dit *Jas est toujours vivante* mais papa ne m'a pas entendu. Sa tête était enfouie dans ses mains et ses épaules tremblaient. J'ai eu très envie de rigoler parce qu'il n'arrêtait pas de hoqueter très fort, mais j'ai ravalé mon rire et j'ai essayé de penser à des trucs tristes comme la guerre ou ces enfants d'Afrique qui ont de gros ventres alors qu'ils ne mangent jamais rien.

Papa était en train de dire quelque chose mais avec la morve et les larmes, les seuls mots que j'ai réussi à comprendre étaient *Toujours* et *Mes petites filles.* Jas est grande, belle, rose fluo et pleine de piercings et papa la pleure comme s'il voulait qu'elle ait toujours dix ans.

Grand-mère dit *Les gens veulent toujours ce qu'ils ne peuvent pas avoir* et je crois bien que c'est vrai. Papa veut que Rose soit en vie et que Jas ait dix ans et pourtant il m'a, moi. J'ai le bon âge mais pas le bon sexe, Jas a le bon sexe mais pas le bon âge, et Rose a le bon âge et le bon sexe mais elle est morte. Parfois, grand-mère dit *Il y a des gens qui ne sont jamais contents.*

Jas n'est rentrée qu'à onze heures du soir alors j'ai dû faire toutes les choses qu'elle fait d'habitude. J'ai nettoyé les toilettes après que papa a vomi et je l'ai mis au lit. Il a bordé son dessin de la fête des Pères sous la couette et j'ai senti un pincement douloureux dans mon estomac. Il s'est vite endormi. Tout son visage tremblait pendant qu'il ronflait, et je suis allé lui chercher un verre d'eau pour plus tard. Je l'ai regardé pendant environ une minute puis je suis allé dans ma chambre et je me suis assis sur le rebord de la fenêtre avec les renseignements concernant « Le Plus Grand Show pour Jeunes Talents de Grande-Bretagne ». Roger ronronnait très fort, sa gorge était chaude et bourdonnante contre mes orteils. En haut de la lettre, il y avait écrit *Viens à Manchester pour changer de vie* et je nous ai imaginés, Jas et moi, en train de nous rendre au théâtre, de grimper sur scène et de chanter devant un jury et des tonnes de caméras de télévision. Je voyais le visage de maman dans le public, elle était assise à côté de papa et ils se tenaient la main car ils étaient fiers de nous. Ils avaient oublié toutes leurs disputes et ils avaient oublié Rose et cela n'avait aucune importance que Jas ait grandi et qu'elle ait changé. Après le concours, maman appelait Nigel et lui disait *Je te quitte.* Elle le traitait même de salaud et on rigolait et on montait dans la même voiture et on rentrait dans la même maison. Papa jetait tout son alcool. Maman disait *Tu es génial avec ce tee-shirt* et je pouvais enfin l'enlever et enfiler un pyjama. Plus tard, j'étais allongé dans mon lit et maman venait me border comme elle le faisait avant qu'elle parte avec le type du groupe de soutien, il y a cent soixante-huit jours de cela.

*

Mme Farmer est entrée dans la classe vêtue d'un tailleur noir trop petit. Son ventre pendait par-dessus le pantalon, pâle et mou comme de la pâte à tarte. Elle a dit *Bonjour, mes chéris,* pas du tout comme d'habitude, beaucoup trop aimable, trop gentil. Elle a dit *Nous allons éveiller notre esprit* et on a dû se lever et faire ces trucs étranges avec nos bras pour faire travailler les différentes parties de nos cerveaux. Je commençais à me demander si Mme Farmer était devenue folle quand un homme tenant un bloc-notes est entré dans la classe. Mme Farmer a dit *Je vous présente M. Price* et *Il est envoyé par l'Ofsted.*

Mme Farmer a noté quelque chose qui s'appelle un Objectif d'apprentissage au tableau, et elle nous a bassiné les oreilles avec le but de cette matinée de travail. À la manière dont elle n'arrêtait pas de le regarder, j'ai bien vu qu'elle essayait d'impressionner M. Price, mais il n'a pas souri. Il avait de longs doigts, un long menton, un long nez et une paire de lunettes perchée tout au bout de son nez. On étudiait de nouveau Jésus et Mme Farmer nous a demandé de nous mettre par groupes de deux pour former la scène de la Nativité en terre glaise. L'un devait faire les gens et la crèche, et l'autre se chargeait de l'étable et des animaux.

Sunya a fait la vache, les moutons et un animal vraiment énorme qui aurait pu être un cochon s'il n'avait pas eu de corne. Mme Farmer est passée à côté d'elle et elle l'a regardé bizarrement avant de dire *Mais qu'est-ce que c'est que ça.* Sunya a répondu *Un rhinocéros.* Mme Farmer a jeté un coup d'œil par-dessus son épaule pour vérifier que M. Price ne regardait pas, puis elle a laissé retomber son poing sur l'animal. Le rhinocéros s'est écrasé sur le bureau et les yeux de Sunya ont lancé des éclairs dangereux. Mme Farmer a sifflé *Le Seigneur Jésus-Christ n'est pas né dans un zoo* et Sunya lui a répondu *Qu'est-ce que vous en savez.* L'inspecteur de l'Ofsted s'est avancé vers notre table et nous a demandé *Et vous, que faites-vous.* Sunya a ouvert la bouche pour répondre, mais Mme Farmer lui a coupé la parole en criant *Ils font des moutons. Tu fais un mouton, n'est-ce pas, ma chérie.* Sunya n'a rien dit mais elle a commencé à former dans la glaise quelque chose qui ressemblait beaucoup à une corne.

Mme Farmer est partie faire le tour des équipes en demandant *Alors, comment ça se passe* et c'était bizarre, parce que d'habitude elle reste assise à son bureau pour boire son café. M. Price a parlé à Daniel et Ryan, qui étaient en train de fabriquer une étable parfaite, avec des animaux parfaits et un petit Jésus parfait.

Daniel n'arrêtait pas d'en faire des tartines en racontant que Mme Farmer était vraiment une super prof et Mme Farmer faisait semblant de ne pas entendre mais elle avait deux taches de plaisir roses sur les pommettes. Daniel a jeté un coup d'œil à l'affiche comme s'il savait que son Post-it se retrouverait très bientôt sur le deuxième nuage. Sunya roulait sa terre glaise avec acharnement, elle avait déjà six cornes.

Le cours était presque fini quand Mme Farmer a enlevé sa veste. Deux taches de sueur gouttaient sous ses aisselles. Elle a dit *Très bon travail, mes chéris. Déposez vos étables en terre sur cette table, s'il vous plaît. Je les ferai cuire pendant la récréation.* M. Price a dit *J'aimerais revenir voir les figurines quand elles seront cuites* et Mme Farmer a tiqué des yeux tout en répondant *Ce serait merveilleux.* Une fois que l'inspecteur est sorti de la classe, Mme Farmer s'est affaissée sur sa chaise en nous disant *Rangez-moi cette pagaille* de sa voix normale.

Sunya a porté notre étable jusqu'à la table et elle s'est penchée en avant pour regarder le travail des autres enfants. Elle y est restée des lustres et m'a laissé m'occuper de tout le rangement, ce qui m'aurait énervé si je n'étais pas en train de m'efforcer d'être gentil. Une fois que la classe a été propre, on a eu le droit de sortir mais Sunya a disparu dans les toilettes des filles et elle n'en est pas ressortie avant que la grosse dame de la cantine souffle dans son sifflet.

On a eu un cours d'anglais pendant que Jésus cuisait au four. Les yeux de Mme Farmer louchaient tout le temps vers la porte comme si elle s'attendait à tout instant à voir entrer l'inspecteur. On a dû écrire un poème intitulé « Mon Noël magique » et dans lequel on devait mettre toutes les choses merveilleuses qu'on attendait avec impatience pour Noël. Je n'ai rien trouvé à dire, pas un seul truc. Dans ma famille, Noël est toujours triste. L'année dernière, papa a accroché une chaussette de Noël à côté de l'urne et il a crié parce que maman ne l'avait pas remplie de cadeaux. Cette année, ça promet d'être le pire Noël d'entre tous parce que maman ne sera pas là pour préparer le repas de Noël qui est toujours le meilleur moment de toutes les vacances, malgré les choux de Bruxelles.

J'ai commencé à écrire quand Mme Farmer m'a dit *Dépêche-toi, James.* J'ai décidé de raconter ce que serait pour moi le plus chouette des Noëls plutôt que de parler de celui que j'aurai en vrai. J'ai décrit le son des cloches, la dinde à la broche et l'odeur des brioches. J'ai décrit les sourires identiques des jolies jumelles joyeuses. Pour Père Noël, je n'ai pas trouvé d'autre rime qu'os à moelle, ce qui n'est vraiment pas mon plat préféré, comme je l'ai expliqué dans le deuxième vers. Mais comme tout le poème n'est qu'un énorme mensonge, je ne pense pas que ce soit vraiment important.

Pour une fois, c'est Sunya qui semblait bloquée. Elle n'avait écrit que quatre lignes. J'ai chuchoté *Qu'est-ce qu'il y a* et elle m'a soufflé *Nous ne fêtons pas Noël.* Là, je n'ai pas su quoi lui répondre. Je ne peux pas imaginer l'hiver sans Noël, sauf dans ce film, *Narnia,* où la sorcière blanche empêche le Père Noël d'apporter des cadeaux aux castors qui parlent. M. Price est entré au moment où Sunya disait *J'aurais tellement aimé être comme tout le monde.*

Comme la terre était cuite, Mme Farmer l'a sortie du four. Tout le monde est venu l'entourer et elle a dit *Faites attention, c'est chaud.* Le nez de M. Price a émergé de son bloc-notes. Notre étable était super. Marie était plus grande que Joseph et les bras et les jambes de Jésus étaient tombés ce qui lui donnait un air de têtard, mais sinon tout était parfait. Aucun des animaux n'avait de cornes et j'étais justement en train de me demander ce que Sunya avait fait des saucisses pointues quand M. Price a poussé une exclamation. J'ai suivi son regard et j'ai vu l'étable de Daniel. Tous ses personnages avaient un truc planté au milieu du front. Pas seulement les animaux – Marie, Joseph et même le petit Jésus, tous avaient une saucisse collée entre les sourcils. J'ai regardé Sunya. Son visage était innocent mais ses yeux brûlaient comme du charbon. Les saucisses pointues ne ressemblaient pas du tout à des cornes. Elles ressemblaient à de petits zizis. J'ai mis ma main sur ma bouche pour m'empêcher de rire. Je n'ai pas osé regarder Daniel pour ne pas m'attirer d'ennuis mais je me suis dit *Qui c'est le crétin, maintenant.*

M. Price a quitté la pièce, les joues écarlates. Son stylo tremblait entre ses longs doigts, il a sûrement écrit quelque chose de méchant dans son bloc-notes. Daniel n'a pas eu de punition parce que Mme Farmer n'avait aucune preuve de sa culpabilité, mais cela n'avait aucune importance. Nous avions eu notre revanche. Toute la classe a été retenue pendant la pause-déjeuner car personne ne voulait assumer d'avoir *Humilié le fils de Dieu,* quoi que ça puisse bien vouloir dire. Tout le monde était furieux car des flocons avaient commencé à tomber du ciel et toutes les autres classes étaient dans la cour en train de faire des batailles de boules de neige. Moi, ça m'était égal de ne pas sortir car j'ai pu passer la pause-déjeuner avec Sunya au lieu de l'attendre devant les toilettes des filles.

Avant que Jas arrête de manger, on adorait les saucisses-purée. Elle coupait les saucisses et cachait les morceaux dans la purée de pomme de terre. C'est à ça que j'ai pensé en rentrant de l'école, sans doute parce que je mourais de faim mais aussi parce que le monde ressemblait à un énorme plat de saucisses-purée. Tout était caché sous des gros morceaux de neige.

Quand Mme Farmer a dit à toute la classe de disparaître de sa vue, Sunya est partie sans m'attendre. Elle est sortie en courant et a marché aussi vite qu'elle le pouvait, sur la route. J'ai glissé en essayant de la rejoindre. Quand j'ai crié son nom, elle s'est arrêtée et s'est retournée. Son visage était tellement sombre à côté des flocons de neige et elle était tellement jolie que j'ai oublié ce que je voulais lui dire. *Qu'est-ce que tu veux, Jamie.* Elle n'avait pas l'air en colère, juste fatiguée, comme si elle en avait assez. Peut-être même qu'elle semblait un peu ennuyée, ce qui était pire que tout. J'ai eu très froid et ça n'avait rien à voir avec la neige. J'ai eu envie de dire quelque chose de vraiment drôle pour faire étinceler ses yeux, mais mon cerveau s'était vidé et je l'ai juste regardée très longtemps pendant que la neige tombait autour de nous. Après un long silence, j'ai dit *Combien de vies as-tu sauvées aujourd'hui, Girl M* et elle a levé les yeux au ciel. J'ai poursuivi *J'en ai sauvé mille quatre, une journée calme* et elle a croisé les bras en soupirant avec impatience. Son hijab était parsemé de flocons de neige et il claquait au vent. Elle avait l'air énervée alors j'ai dit *Merci* et elle a dit *Merci pour quoi.* J'ai fait un pas en avant. *Merci d'avoir mis des cornes à Jésus et d'avoir pris notre revanche sur Daniel* et dans ma tête j'ai ajouté *Et merci pour tout le reste, aussi.* Sunya a haussé les épaules. *Je ne l'ai pas fait pour toi. Je l'ai fait pour moi.* Elle s'est tournée et elle est partie en laissant des traces de pas profondes dans la neige.

15

J'ai passé toute la semaine à répéter à papa qu'il fallait qu'il arrive à l'école à quinze heures quinze précises, demain. J'espère qu'il ne boira pas. Je ne veux pas qu'il nous mette dans l'embarras, maman et moi. Elle n'a jamais répondu à ma lettre, mais je sais qu'elle va venir. Enfin je crois qu'elle va venir. Je l'espère vraiment. Hier, j'ai croisé les doigts pendant une heure et treize minutes, pour être vraiment sûr. Jas a dit *Ne te fais pas d'illusions* mais j'ai répondu *Maman ne manquera sûrement pas la soirée des parents.* L'histoire que j'ai écrite du point de vue de Jésus a reçu un A et mon ange est sur le septième nuage, maintenant. J'ai hâte que maman la lise.

Quand je suis rentré de l'école, plus tôt que d'habitude, la lumière du répondeur clignotait. Je me suis dit que c'était peut-être maman qui laissait un message au sujet de demain alors je me suis forcé à attendre avant de l'écouter. Papa dormait sur le canapé. Il avait posé l'urne sur un coussin et le dessin de la fête des Pères était coincé sous son double menton, il tremblait chaque fois qu'il expirait. J'ai fermé la porte, j'ai nourri Roger, je me suis brossé les dents, je me suis passé de l'eau sur la figure et je me suis coiffé avec les doigts. Cela faisait des mois que je n'avais pas entendu la voix de maman. Je voulais être beau. Le tee-shirt de Spiderman est tout froissé et taché alors je l'ai essuyé avec une serviette mouillée et je l'ai aspergé avec mon déodorant.

Quand j'ai été prêt, j'ai traîné une chaise jusqu'au téléphone et je me suis assis. J'étais nerveux. J'ai tendu un doigt. Ma main s'est mise à clignoter à cause de la lumière rouge du répondeur. Elle est restée en suspens au-dessus du bouton Marche. J'avais terriblement envie d'entendre la voix de maman mais tout d'un coup j'avais aussi affreusement peur. Peut-être qu'elle appelait pour annuler. J'ai essayé de compter jusqu'à trente mais mes doigts ont écrasé le bouton avant que je n'arrive à dix-sept.

La voix d'une femme. Elle disait *Oh, bonjour,* comme si elle était surprise de parler à un répondeur. Je ne reconnaissais pas la voix de maman, mais les voix des gens sont souvent différentes au téléphone. J'ai croisé les doigts.

Monsieur et madame Matthews, je suis Mlle Lewis, le professeur principal de Jasmine. Rien de grave, mais comme Jasmine n'est pas venue à l'école depuis vendredi dernier, je voulais juste m'assurer qu'elle était bien à la maison, avec vous. Je suppose qu'elle n'allait pas bien et que c'est la raison pour laquelle nous ne l'avons pas vue depuis un moment. Pourriez-vous me rappeler cet après-midi, s'il vous plaît. J'aimerais savoir où elle était et comment elle va. Si Jasmine est malade, j'espère qu'elle va se remettre rapidement et que nous la verrons à l'école très bientôt. Merci beaucoup.

La première chose que j'ai pensée c'est *Ce n'est pas maman ce n'est pas maman ce n'est pas maman,* et je n'ai pas fait attention à ce que disait Mlle Lewis. Du coup, j'ai pressé la touche Répétition et, cette fois, j'ai écouté. À chaque phrase, j'ouvrais un peu plus la bouche. Jas n'était pas malade. Ce matin, elle était partie pour l'école en uniforme.

Je suis resté assis là en silence, trop secoué pour bouger. Roger a sauté sur mes genoux. Sa queue se tortillait dans les airs comme l'un de ces serpents charmeurs qu'on voit dans les pays poussiéreux comme l'Afrique ou dans le film *Aladin.* Je ne savais pas quoi faire. Sécher l'école, c'est pas drôle.

J'ai demandé *Où étais-tu* dès que la poignée s'est tournée et que Jas est entrée dans le vestibule. Elle m'a regardé comme si j'étais débile et m'a répondu *À l'école.* Son mensonge m'a atteint comme une gifle, j'avais l'impression que mes joues étaient comme le répondeur, elles clignotaient clignotaient clignotaient en rouge. J'ai lancé *Dis-moi la vérité* et elle a pris son ton sarcastique pour me dire *Ne sois pas si curieux.* Alors j'ai dit *Mlle Lewis a laissé un message* et les yeux de Jasmine se sont dirigés vers le répondeur pendant que sa main venait se plaquer sur sa bouche. Elle a dit *Est-ce que papa...* et j'ai dit *Non* et elle a dit *Est-ce que tu...* et j'ai dit *Bien sûr que je ne lui dirai pas.*

Elle a hoché la tête et elle s'est préparé une tasse de thé. Elle m'a demandé si je voulais un Ribena, ce qui est sans doute ma boisson préférée mais qui ne rime avec aucun mot de Noël. J'ai dit *Oui,* mais pas *S'il te plaît.* J'étais toujours en colère contre elle parce qu'elle m'avait menti et qu'elle vivait des aventures sans moi. Elle s'est assise à la table de la cuisine et elle a dit *Je suis désolée* et j'ai répondu *C'est bon,* mais ça ne l'était pas vraiment et ça m'a énervé qu'elle semble soulagée, comme si un petit mot de rien du tout pouvait tout effacer. Tout d'un coup j'ai pensé à Sunya et, pour la première fois, j'ai compris pourquoi elle ne voulait plus porter sa bague en Patafix. Elle ne m'avait pas pardonné pour la simple raison que je ne m'étais excusé qu'une seule fois et que ce n'est pas suffisant.

J'ai eu envie de sortir de la cuisine en courant et de dévaler la pente et de remonter la colline jusqu'à la maison de Sunya. J'ai eu envie de me planter sous les fenêtres de Sunya et de crier *Pardon pardon pardon* jusqu'à ce qu'elle me regarde avec ses yeux étincelants et qu'elle dise *C'est bon* et qu'elle le pense vraiment, cette fois. Mais c'était impossible alors je ne l'ai pas fait. Je me suis juste assis à table et j'ai attendu que Jas commence à parler.

Je suis amoureuse. Je ne m'attendais vraiment pas à ça, j'ai recraché ma gorgée de Ribena sur mon tee-shirt. Jas m'a tapoté le dos. Quand j'ai de nouveau pu respirer, j'ai dit *De Leo* et elle s'est mordillé les ongles et j'ai dit *Oh.* Jas remuait sur sa chaise. Elle a dit *Ce que papa a dit...*, et ses yeux se sont remplis de larmes. Je me suis levé pour aller lui chercher un mouchoir, mais je n'en ai pas trouvé alors je lui ai donné un torchon à la place. Quand je le lui ai tendu, elle a rigolé mais ce n'était pas un rire joyeux. *Ce que papa a dit dans la voiture. Tu sais, comme quoi Leo était une fille. Ou alors un homo. Je ne le lui pardonnerai jamais.* J'ai répondu *Tu dois le lui pardonner* et elle a reniflé avant de dire *Pourquoi.* Alors j'ai dit *C'est ton père* et elle a répliqué *Et alors* et ça m'a cloué le bec. J'ai répété *C'est ton père.* Je ne savais pas quoi dire d'autre. Jas a dit *Et nous sommes ses enfants.* Je n'ai pas bien compris ce qu'elle voulait dire alors j'ai serré sa main. Elle était toute froide et osseuse.

Quand papa a redémarré en me laissant toute seule sous la pluie, je n'ai pas pu aller à l'école. Tout en parlant, Jas fixait une tache sur la table. *J'ai appelé Leo, et il a séché les cours pour venir me chercher. On a passé la journée ensemble et ç'a été la journée la plus heureuse de ma vie.*

Après ça, l'école ne m'a pas semblé aussi importante. Je me suis rapproché d'elle et j'ai secoué ma tête. J'ai dit *L'école, c'est important. C'est vraiment important. Maman dit que des bonnes notes peuvent nous permettre d'obtenir tout ce qu'on veut. Maman dit que l'éducation, c'est...*

Jas a levé les yeux de la tache sur la table et m'a regardé droit dans les yeux. *Maman n'est pas là, Jamie.*

J'étais sur le point de lui rappeler que c'était la soirée des parents, demain, et que maman était sans doute en train de faire sa valise à l'heure qu'il était et qu'elle était impatiente de me voir. J'avais vraiment envie de lui dire *Maman va venir. Elle sera debout devant mon école, l'école primaire Ambleside Church of England, demain à quinze heures quinze. Sans Nigel.* Mais je ne l'ai pas fait. Je n'ai pas dit un mot et j'ai senti jaillir la première étincelle de quelque chose qui me faisait peur.

Jas a dit *Je vais retourner à l'école demain. Je vais imiter un mot de papa et tout ira très bien.* J'ai répondu *Est-ce que tu me le jures* et elle a dit *Sur la tête de...* et puis elle s'est arrêtée. On a tous les deux pensé à notre sœur morte, sur la cheminée. Jas s'est levée et a lavé les tasses, dans l'évier de la cuisine. Elle a répété *Je suis désolée* pendant que le liquide vaisselle faisait des bulles qui ressemblaient à de la neige et à de l'écume et à du Fanta. *Je suis désolée d'avoir menti, d'avoir séché, tout ça.* J'ai dit *C'est bon,* et cette fois je le pensais vraiment. Pendant qu'elle frottait les tasses, elle a soupiré *Mais c'est vraiment dur. C'est dur de penser à autre chose. De rester loin de lui. Un jour, tu comprendras.* Je n'ai rien dit mais j'ai réalisé que je comprenais parfaitement.

*

Je me suis excusé au moins trois cents fois auprès de Sunya. Chaque fois que Mme Farmer arrêtait de parler, je disais *Pardon pardon pardon pardon pardon pardon pardon* sans reprendre ma respiration. Je ne sais pas pourquoi ça n'a pas marché. Elle continuait d'être silencieuse et triste. Pendant la pause-déjeuner, on s'est assis sur notre banc mais Daniel a crié *Tu vas avoir ta dose de curry à Noël* et il lui a jeté une boule de neige à la figure. J'ai eu envie de dire quelque chose, mais je ne l'ai pas fait. Sunya est partie en courant et elle a passé le reste de la récréation dans les toilettes des filles. Je crois que Daniel sait que c'est Sunya qui a mis les zizis dans son étable, car il est plus méchant avec elle que jamais, depuis.

Je n'ai pas pu me concentrer de la journée car maman était en chemin. Je n'ai pas pu réviser ni la géographie ni l'histoire, ou écrire proprement en prenant soin de faire des paragraphes. Je me suis contenté de regarder mon cahier sans rien écrire. J'ai gardé mon stylo dans ma main pour que Mme Parker ne me crie pas dessus et qu'elle ne dise pas à maman que je suis un paresseux. Quand l'école a été finie, j'étais fatigué comme si ça faisait un million d'années que j'étais éveillé à attendre qu'il soit quinze heures quinze.

Je passais en premier. Mme Farmer a dit *Va retrouver tes parents, je serai là dans cinq minutes.* Je suis sorti, j'ai vu la voiture de papa, et j'ai été soulagé quand il a baissé la vitre et qu'il a dit *Salut* d'une voix presque normale. Il m'a demandé *Qu'est-ce qu'il y a* parce que ma tête n'arrêtait pas de tourner, que mon cœur battait très fort, que mes genoux tremblaient et que ma bouche était sèche. Il y avait plein de voitures sur le parking, mais aucune d'elles ne contenait maman.

Papa a dit qu'il avait besoin d'aller aux toilettes alors on est entrés. Pendant qu'il était dans les toilettes des garçons, j'ai couru jusqu'à la porte et j'ai remonté l'allée en courant pour vérifier le panneau. Il y avait bien écrit « École primaire d'Ambleside Church of England », donc maman n'avait pas pu passer à côté sans la voir. Mon tee-shirt de Spiderman était trempé à cause de la neige, il collait à ma peau et j'avais l'air idiot. Les manches me semblaient plus grandes que jamais et ma chair de poule accrochait le tissu rouge et bleu.

J'ai attendu et attendu et attendu. La neige continuait de tomber, lourde. Des flocons sont restés accrochés à mes sourcils. Il y avait des rafales de vent glacé et j'ai serré mes bras autour de mon corps. Enfin, j'ai entendu une voiture.

Il y avait une femme au volant. Une femme avec des longs cheveux, comme maman. J'ai couru vers elle en lui faisant de grands signes. J'ai glissé et je suis tombé, ma rotule a heurté la neige qui était parsemée de taches orange, là où le concierge avait semé du sable. La voiture s'est engagée dans l'allée.

J'ai crié *Maman.* Elle était venue. J'étais tellement content que je n'arrivais même pas à bouger, même si j'étais encore sur mes mains et mes genoux, dans la neige, sur la route. *Maman.* La dame avançait tout doucement, elle se penchait sur le volant, les essuie-glaces bougeaient rapidement pendant que la neige continuait de recouvrir le pare-brise. J'ai recommencé à faire des signes et j'ai regardé dans la voiture. La dame m'a dévisagé, ses yeux tout tassés derrière ses lunettes, comme si elle était gênée.

Maman ne porte pas de lunettes.

J'ai regardé de nouveau. Maman n'a pas de cheveux bruns, non plus. La dame, cette maman de quelqu'un d'autre, me désignait le sol. Elle voulait que je parte mais je ne pouvais pas me lever et ce n'était pas de la joie, mais quelque chose de bien plus effrayant qui m'empêchait de me relever. Elle a klaxonné trois fois et je me suis traîné sur le bas-côté.

Papa m'a trouvé près d'un mur. Il a dit *Mais qu'est-ce que tu fais là, bon Dieu* et il m'a attrapé par les épaules. Il m'a hissé sur mes pieds. Je ne sais pas comment on y est arrivés parce que, pendant tout ce temps, mon esprit était à cinq cents kilomètres de là, à Londres, mais tout d'un coup j'étais assis en face de Mme Farmer qui disait que j'avais reçu un A pour mon histoire sur la naissance de Jésus.

Maman avait de nouveau menti. Elle m'avait bien dit que les bonnes notes pouvaient me permettre d'obtenir tout ce que je voulais. Mais ce que je désirais le plus, c'était qu'elle vienne à la soirée des parents, et elle n'était pas venue.

Papa a eu l'air impressionné, il a dit *Est-ce que je peux la voir.* Il a fait semblant de lire un peu, il a dit *C'est très bien* mais je n'ai rien ressenti. J'étais insensible, mais pas à cause de la neige. Mme Farmer avait un petit chauffage d'appoint sous son bureau, et mes pieds étaient déjà réchauffés. Mme Farmer a dit quelque chose et papa a dit quelque chose et Mme Farmer a dit quelque chose d'autre et m'a regardé comme si elle attendait une réponse. Alors j'ai dit *Oui,* ça m'était complètement égal de ne pas avoir entendu la question. Je suppose que j'ai dit ce qu'il fallait, parce que Mme Farmer m'a souri avant de demander *Dans quelle école secondaire ira-t-il l'année prochaine.* Papa a répondu Grasmere et Mme Farmer a demandé *Est-ce là que sont scolarisées les jumelles.* Papa a dit *Pardon* et tout d'un coup j'étais bien réveillé.

Mme Farmer a répété *Est-ce là que vont les jumelles,* et papa s'est frotté le menton et ses moustaches ont fait un bruit de grattement. Il a dit *Jumelles,* comme s'il ne comprenait pas. Mme Farmer a eu l'air embarrassée et elle a dit *Rose et – oh, comment s'appelait la seconde, déjà* et papa n'a rien dit et je n'ai rien dit et le vent hurlait dehors.

Finalement, papa a dit *Jasmine est inscrite à Grasmere.* J'ai eu envie d'envoyer un coup de pied dans le tibia de Mme Farmer pour l'empêcher de parler, mais ce genre de trucs ne marche que dans les livres. *Et Rose, où est-elle,* a demandé Mme Farmer.

Papa a marmonné *Rose est dans un monde meilleur,* Mme Farmer a demandé *Une école privée* et papa a dégluti mais il n'a pas répondu. Mme Farmer est devenue toute rouge et elle a dit *Enfin bref* en attrapant ma pile de travaux qu'elle a commencé à feuilleter. *James a écrit quelques très jolis textes sur votre famille.* Quand elle a sorti mon cahier d'anglais, j'ai eu envie de crier *NOOOOON* mais c'était trop tard, elle l'avait déjà donné à papa. Il a lu «Mes merveilleuses vacances d'été», «Notre merveilleuse famille et Mon Noël magique». Le cahier tremblait dans sa main. Mme Farmer attendait que papa dise *C'est très bien.* Elle me regardait, moi je regardais papa et papa regardait tous les mensonges que j'avais écrits sur Rose.

Il y a eu un bruit devant la porte. Les parents suivants venaient d'arriver. Mme Farmer s'est éclarci la gorge et a dit *En résumé, James est intelligent et il travaille plutôt bien, mais il a une fâcheuse tendance à rêvasser. Socialement, j'aimerais le voir se mélanger un peu plus avec les autres enfants. Heureusement, il semble très proche d'une petite fille qui s'appelle Sunya.* Quelqu'un a frappé à la porte. Papa a dit *Une petite fille qui s'appelle Sonia* et Mme Farmer a dit *Entrez. Pas Sonia, monsieur Matthews. Sunya.*

La poignée a cliqueté. La porte s'est ouverte. *Oh, voilà Sunya,* a dit Mme Farmer avec enthousiasme. Je me suis ratatiné sur ma chaise, le tee-shirt de

Spiderman collé sur mon dos par la sueur. Avec son drôle d'accent, la maman de Sunya a dit *Bonjour, Jamie. Je suis heureuse de te revoir.*

16

Deux hijabs blancs brillaient dans la lumière de la classe. Deux visages sombres ont pris une expression effrayée quand papa a bondi sur ses pieds. Il s'est mis à hurler *Comment connaissez-vous mon fils* en tapant du plat de la main sur le bureau de Mme Farmer. Une pile de livres a dégringolé en heurtant au passage une tasse de café qui s'est déversée sur des papiers qui semblaient importants. Mme Farmer a poussé un petit cri d'animal effrayé et m'a regardé comme si tout était ma faute. La mère de Sunya a fait *Hem*, mais j'ai secoué la tête le plus discrètement possible, alors elle a dit *Je ne le connais pas.* J'ai fermé mes yeux et je les ai rouverts très doucement en espérant que la maman de Sunya comprendrait que j'étais en train de dire *Merci.*

J'ai chuchoté *On y va* mais papa a crié *Heureuse de te revoir. RE-voir. C'est ce que vous avez dit.* Il s'est avancé vers la maman de Sunya qui a fait un pas en arrière et a attrapé Sunya par l'épaule. Mme Farmer s'est levée, la main sur la poitrine. Elle a couiné *Monsieur Matthews, calmez-vous* mais papa a crié bien plus fort. *Où avez-vous vu mon fils auparavant.* La mère de Sunya a reculé encore d'un pas en attirant Sunya avec elle.

Où avez-vous rencontré mon fils. Sunya s'est libérée de la main de sa mère et elle a dit *Au match de foot de l'école.* Sa voix était calme, son visage était innocent, c'était le meilleur mensonge de la Terre. Papa a hurlé *Ta gueule* et c'est là que la mère de Sunya a explosé. Elle a dit *Comment osez-vous* et ses sourcils ont disparu sous son hijab blanc. *Comment osez-vous parler à ma fille sur ce ton.* Papa a ri mais c'était un rire diabolique, comme quand un méchant se frotte les mains en faisant rouler ses yeux rouges, et que le son qui sort de sa bouche fait *HAHAHAHAHA.* Papa a répondu *Je dis ce que je veux dans mon pays.* J'ai eu envie de crier *C'est aussi le pays de Sunya* mais papa avait l'air fou. Mme Farmer a couiné *Je vais chercher le proviseur* et la porte a claqué très fort contre le mur quand elle est sortie de la classe en courant.

Papa a dit *Des musulmans ont tué ma fille* en pointant un doigt vers la maman de Sunya. J'ai couru vers papa, j'ai essayé d'attraper son bras mais il m'a repoussé. Il a répété *Ils ont tué ma fille* et à chaque syllabe il tapait ses côtes avec son doigt. La mère de Sunya a dit *C'est ridicule* mais sa voix tremblait et j'ai compris qu'elle était effrayée. J'ai pensé à la paille entortillée dans le milk-shake au chocolat et j'ai détesté papa parce qu'il lui faisait peur. Elle a commencé à dire *De vrais musulmans ne feraient jamais, jamais de mal à personne. Ce n'est pas parce que certains se qualifient de...* mais papa a hurlé *TA GUEULE.* Il tremblait, maintenant, et son visage était violet. De la sueur dégoulinait de ses tempes sur ses joues. Il a crié quelque chose à propos de *Terroristes* et quelque chose d'autre à propos de *Tous les mêmes* et la maman de Sunya a tourné la tête comme si elle avait reçu une gifle.

Sunya se tenait devant une affiche de Noël, les poings fermés. Des flocons de neige découpés dans du papier argenté brillaient sur le mur, derrière elle. Il y avait des anges sur la gauche et un Père Noël sur la droite, son ventre débordait de sa veste rouge et son sac noir débordait de cadeaux. Au milieu de l'affiche, il y avait une Marie découpée dans du carton bleu et un Joseph découpé dans du carton marron et un Jésus découpé dans du carton trop rose pour être de la peau. Ça m'a rendu tellement triste de voir Sunya à côté de tous ces trucs de Noël auxquels elle ne croyait pas et dont elle ne profitait pas. J'ai repensé à son poème, au fait qu'elle n'avait rédigé que quatre lignes parce que, pour elle, il ne se passerait rien de magique dont elle pourrait se réjouir en décembre. Et même si papa criait encore, si le vent faisait battre la fenêtre et si le café coulait, plic, plic, sur le sol, tout ce que j'entendais c'étaient les mots de Sunya. *Je voudrais tellement être comme tout le monde.* J'ai eu envie de la rejoindre et de prendre ses poings dans ma main et de remettre la bague à son doigt et de dire *Je suis content que tu ne sois pas comme les autres.*

Une larme a brillé dans l'œil gauche de Sunya. Quand papa l'a traitée de créature maléfique, elle a gonflé et elle a jeté des reflets argentés, comme une grosse goutte de pluie. J'ai imaginé que je criais *Ne l'écoute pas.* J'ai imaginé que je disais *Tu es juste un peu différente, et je trouve ça génial.* J'ai imaginé écrabouiller le visage de papa parce qu'il faisait pleurer Sunya, et pendant une milliseconde j'ai vraiment envisagé de le faire. Mais je suis resté planté là au milieu de la classe, avec mon cœur qui battait à tout rompre et mon corps qui tremblait dans mon tee-shirt de Spiderman qui était beaucoup trop grand pour un garçon comme moi.

Le proviseur est entré dans la classe, ses chaussures brillantes claquant sur le sol. Il a demandé *Il y a un problème.* La maman de Sunya n'a rien dit. Je ne voyais que le haut de son hijab parce qu'elle fixait le sol. J'avais envie qu'elle lève les yeux pour que je puisse lui dire *Pardon* avec mes yeux, mais elle n'a pas bougé. Papa a dit *Il n'y a absolument aucun problème,* il a attrapé ma main et m'a attiré vers la porte en hochant la tête vers le proviseur, comme si rien de tout cela n'était jamais arrivé. J'ai espéré que le pire était passé mais pendant qu'on traversait le couloir, les ongles de papa se sont enfoncés dans la paume de ma main et ça m'a fait mal. C'était moi qui avais un problème, maintenant.

Dans la voiture, on n'a pas parlé. Les pneus ont patiné et de la neige fondue a giclé partout. Dès qu'on s'est engagés dans l'allée, papa a chuchoté *Rentre à la maison* et j'ai sauté de la voiture. J'ai glissé sur le verglas, j'ai traversé la porte d'entrée en courant et j'ai couru dans le salon. Jas et Leo étaient allongés sur le sofa, leurs visages étaient tout rouges et leurs vêtements noirs étaient tout froissés. Jas a dit *Je croyais que vous étiez à la soirée des parents* et j'ai dit *C'est fini* et j'ai ajouté *Papa* en désignant la porte du doigt. Jas a repoussé Leo du canapé en poussant un cri.

Papa a traversé le couloir. J'ai dit *Vite* en tirant la main de Jas. Leo mâchonnait l'anneau de sa bouche. Les pas se sont arrêtés. Jas a sifflé *Cache-toi.* La poignée s'est tournée. Leo a plongé derrière le canapé au moment où papa entrait dans le salon.

Je ne suis pas très bon à cache-cache. Je n'aime pas trop les petits coins sombres. Ils me donnent l'impression d'être enterré sous la terre, alors je panique et je finis toujours derrière une porte ou dans un endroit nul. Mais je suis quand même meilleur que Leo, qui ne s'est même pas suffisamment recroquevillé pour qu'on ne le voie pas derrière le canapé. Les pointes vertes de sa crête dépassaient derrière le haut de l'accoudoir et ses bottes noires s'étaient prises dans le tapis.

Quand papa l'a aperçu, son visage est passé de violet à noir et il a hurlé *Lève-toi.* Je ne crois pas que Leo ait compris que papa s'adressait à lui, parce qu'il est resté caché là pendant des lustres, en retenant sa respiration et en fermant les yeux comme s'il croyait encore qu'on ne le voyait pas. Du coup, papa s'est approché du canapé, il a attrapé l'arrière du tee-shirt de Leo et il a tiré un grand coup. Leo s'est redressé en trébuchant et papa a crié *Sors de chez moi.* Jas a dit *Tu ne lui parles pas comme ça* et papa a répondu *Je lui parle comme je veux, bon Dieu, je suis sous mon toit* et il a désigné le plafond d'un doigt tremblant.

Leo est parti en courant et papa a crié *Tu es banni de chez moi* et *Je t'interdis de revoir Jasmine.* Il a claqué la porte du salon. Une vieille photo de famille est tombée du mur et s'est écrasée par terre. *Tu ne peux pas faire ça,* a dit Jas, furieuse et fougueuse, en agitant ses bras en l'air. *Tu ne peux pas nous empêcher de nous voir.* Papa a dit *Il me semble pourtant que je viens de le faire* et ensuite il s'est tourné vers moi.

Est-ce que tu aimes Rose et j'ai tout de suite répondu *Oui.* Papa a fait un pas en avant. *Est-ce que tu te souviens de la manière dont elle est morte.* Sa voix était basse, calme et dangereuse. J'ai essayé d'avaler ma salive mais je n'en avais plus. J'ai hoché la tête. Papa a fermé les yeux, il semblait essayer de contrôler quelque chose mais c'était sûrement trop fort pour lui parce qu'il s'est mis à hurler et à donner des coups de pied dans le canapé. *MENTEUR. TU ES UN MENTEUR, JAMES.* Je me suis écrasé contre le mur. Papa a jeté un coussin. Il a atteint l'abat-jour qui s'est balancé et a craqué. J'ai répondu *Non, je ne suis pas un menteur* et je me suis laissé tomber sur mes genoux quand j'ai vu papa s'avancer sur le tapis. L'urne a tremblé sur la cheminée. Papa a hurlé *Alors comment peux-tu faire une chose pareille,* sa voix retentissait dans mes oreilles comme un iPhone à plein volume. *Si tu dis la vérité, comment peux-tu être l'ami de cette fille.*

Jas a dit *Laisse-le tranquille* et elle a rampé vers moi. Elle pleurait et son bras tremblait quand elle l'a posé autour de mes épaules. Papa a rugi *Est-ce que tu étais au courant* en se penchant vers Jas et en lui criant à la figure. *Est-ce que tu savais que la petite amie de Jamie est musulmane.* Jas m'a regardé mais elle n'avait pas l'air déçue ou furieuse, juste curieuse, et elle m'a serré secrètement et elle a dit *Ça m'est égal.* Papa a hurlé *Une saleté de TERRORISTE* en postillonnant sur son menton. J'ai eu envie de dire à papa qu'il avait tort parce que tous les terroristes que j'ai vus à la télé étaient des hommes de plus de vingt ans et non des filles de moins de onze ans, mais papa a frappé le mur juste au-dessus de ma tête et j'ai dû protéger mon visage.

Mes yeux étaient collés contre mes rotules mais j'entendais bien que papa pleurait. Il a reniflé, de la morve est passée de ses narines à sa gorge et quand il s'est remis à parler sa voix était épaisse et collante. Il a dit *Tu ne pleures jamais Rose* et alors je me suis senti coupable, comme si tout, absolument tout ce qui avait mal tourné dans ma famille était ma faute. Je me suis donné des coups dans les yeux pour les faire pleurer.

Tout d'un coup, papa a dit très calmement *Ce n'est pas possible que tu l'aimes.* J'ai jeté un coup d'œil à travers mes doigts. Papa s'est dirigé vers la cheminée et il a contemplé l'urne. *Pas si tu as écrit tous ces mensonges, pas si tu as fait semblant qu'elle soit vivante alors que ça fait cinq ans qu'elle est morte. Pas si tu es l'ami d'une musulmane.* Il a pris l'urne de la cheminée, elle tremblait entre ses mains et ses doigts pleins de sueur ont laissé des traces sur l'or. Il l'a levée en l'air et il a dit *Regarde ce qu'ils lui ont fait, Jamie.* Regarde ce que les musulmans ont fait à ta sœur. Il ne semblait plus en colère mais seulement plus triste que la personne la plus triste que je connaisse, et qui en ce moment est Spiderman, au moment où Oncle Ben meurt. Jas pleurait encore plus fort et j'aurais tellement aimé que mes yeux y arrivent aussi.

Tout est devenu silencieux. J'ai compris que c'était fini mais je ne savais pas si je pouvais de nouveau parler. Je me suis adossé contre le mur. Mes paumes me lançaient, ma tête me faisait mal et j'ai regardé les aiguilles de l'horloge tourner en rond en faisant tic-tac. Au bout de trois minutes et trente et une secondes, papa a reposé l'urne sur la cheminée, il s'est essuyé les yeux et il est sorti du salon. J'ai entendu le tintement d'un verre et le clac-pschitt d'une cannette qu'on ouvre. Jas m'a aidé à me remettre debout et elle m'a dit *On va dans ta chambre.*

On s'est assis sur le rebord de la fenêtre et on a fixé les étoiles. Les Gémeaux étaient là et il y avait aussi le Lion. L'argent du ciel se reflétait sur toute cette neige, transformant la glace en diamants. Jas a dit *Mon horoscope m'avait prévenue que cette journée serait horrible, mais je ne pensais pas qu'elle le serait à ce point.* Sa respiration faisait des ronds de buée sur la vitre. Dans la condensation, elle a tracé un grand J suivi de son prénom, et elle s'est servie du même J pour écrire mon prénom à moi. Toutes les lettres se mélangeaient en coulant, c'était vraiment cool. Elle a dit *Ça va* et j'ai dit *Oui.*

Elle a dit *Maman me manque* et c'était marrant, car je pensais exactement à la même chose au même moment. *Je voudrais tellement qu'elle soit encore avec nous.* J'ai regardé par terre. D'une toute petite voix, j'ai dit

Elle n'est pas venue à la soirée des parents. Jas s'est adossée à la fenêtre. *J'étais sûre qu'elle ne viendrait pas.* J'ai frotté le tapis avec mes orteils. J'ai dit *Mais peut-être qu'elle est restée coincée sur l'autoroute. S'il y avait des embouteillages, peut-être qu'elle a laissé tomber et qu'elle est rentrée chez elle. Tu sais bien comment elle est. C'est peut-être ce qui s'est passé.* Jas était en train de jouer avec une mèche de cheveux roses. Elle a dit *Peut-être,* mais on ne s'est pas regardés. J'ai de nouveau senti jaillir cette étincelle de quelque chose, comme ces bougies d'anniversaire qu'on ne peut jamais éteindre définitivement. Je n'ai pas réussi à définir quel sentiment c'était mais en tout cas, ça m'a fait peur.

On est restés silencieux pendant un moment. Roger a traversé le jardin sur la pointe des pieds, ses pattes orange faisaient des trous scintillants dans la neige. Il s'est penché sur la mare gelée. Je me suis demandé si le poisson était vivant, quelque part sous toute cette glace. Jas a soupiré. *J'espère que Leo va bien.* J'ai ôté un fil du coussin et j'ai dit *Sunya aussi, j'espère.* Ensuite j'ai souri, même si ce n'était pas drôle. *Papa doit vraiment nous détester.*

Ouais, a dit Jas en plissant le front. J'ai dit *Et maman aussi* pour faire une blague, et j'étais sur le point de le préciser quand Jas a posé son menton sur ses genoux, toute pensive et sérieuse. *Quand j'étais petite, j'avais cinq nounours. Edward, Roland, Bertha, John et Burt.* Je ne comprenais pas pourquoi elle me parlait de ses peluches. J'ai dit lentement *Mon ours s'appelait Barney.* Jas a dessiné cinq lignes dans la buée. Le vernis noir était écaillé là où elle s'était rongé les ongles. *Je les aimais tous. Surtout Burt, qui n'avait pas d'yeux. Mais un jour, je l'ai perdu. Je l'ai oublié dans un bus en Écosse quand on est allés rendre visite à grand-mère, et je ne l'ai plus jamais revu.* Roger a disparu sous un buisson pour aller chasser. J'ai tapé sur la fenêtre pour l'en empêcher. Jas a continué. *J'étais tellement triste. J'ai pleuré pendant des heures. Mais j'étais quand même contente de retrouver mes autres ours, quand on est rentrés à Londres.* Elle a effacé une des lignes sur la vitre et elle a fixé les quatre lignes restantes en disant *Je les aimais encore plus parce qu'il en manquait un.*

Je ne savais pas quoi dire à propos de cette histoire absurde alors je suis resté silencieux et j'ai attendu. Elle a dit *Peut-être que c'est ce qu'ils ressentiront, eux aussi. Un jour. Quand toute la douleur sera partie.* Je ne savais pas si elle parlait des ours ou de maman et papa, mais elle avait l'air toute petite, pas du tout comme ma grande sœur, et je voulais qu'elle se sente bien alors j'ai dit *Sûrement.* Jas a serré ses genoux contre sa poitrine. Elle a demandé *Tu crois vraiment* et j'ai hoché la tête d'un air entendu. Elle a souri faiblement et elle a dit d'un trait *Alors ils vont nous aimer pour ce que nous sommes sans penser à Rose et maman va rentrer à la maison et tout va s'arranger.*

Tout d'un coup j'ai dit *On peut l'obliger à rentrer à la maison* et j'ai sauté du rebord de la fenêtre. *On peut l'obliger à rentrer à la maison et tout ira mieux.* Je lui ai tendu l'enveloppe froissée que je cachais sous mon oreiller. Elle l'a ouverte et cette fois-ci elle n'a pas dit *Qu'est-ce que c'est que ce truc débile* ou quelque chose de ce genre en lisant les mots « Viens à Manchester pour changer de vie ». Elle a écouté mon plan. Je suis arrivé au moment où on entrait dans le théâtre après avoir chanté notre chanson et où papa et maman se tiennent la main tellement ils sont fiers, et cette fois elle n'a pas dit *Ça n'arrivera jamais.* Elle a soufflé *J'adorerais qu'ils se réconcilient* et elle a fermé les yeux pour les imaginer en train de se prendre dans les bras pour la première fois.

J'ai dit *Alors faisons-le.* J'étais excité. *L'audition est dans trois semaines. Ça nous laisse des tonnes de temps pour trouver un talent.* Il y avait plein de poudre noire sur les paupières de Jas. Tout d'un coup elles se sont plissées, comme si elle avait mal. *Je n'y arrive plus avec papa. Tout ça pour...* – elle a hésité, puis elle a pris une grosse inspiration – *boire.* C'était la première fois que l'un d'entre nous prononçait ce mot en parlant d'alcool et de vomir et de déception plutôt que de Ribena chaud, ou quelque chose comme ça. J'étais bien content que Jas ait les yeux fermés car je ne savais pas quoi faire de mon visage, de mes mains et de cette énorme vérité : notre père était un alcoolique.

Elle a dit tout haut *Je n'ai que quinze ans* et tout d'un coup elle a ouvert grands les yeux, d'un air farouche. Ensuite elle a demandé *Tu veux vraiment participer à ce concours débile.* J'ai hoché la tête, et après une pause, ma sœur a dit *D'accord.*

17

La dernière semaine du trimestre a été nulle. Sunya ne me parlait pas et je suis tombé malade à cause de toutes les boules de neige que Daniel m'a jetées à la figure et toute la glace qu'il a glissée dans mon tee-shirt de Spiderman et du fait que tout le monde reçoive des cartes de Noël sauf moi. On avait installé une boîte aux lettres à la bibliothèque, chacun y mettait une carte et, à la fin de la journée, elles étaient livrées à la personne de la classe à qui elle était adressée. Le proviseur faisait le facteur. Un chapeau de Père Noël vissé sur la tête, il entrait dans la classe en disant *Ho ho ho.* Ensuite, il lisait les noms qui étaient écrits sur les cartes qui se trouvaient dans sa main et il y avait toujours des tonnes de cartes pour Ryan et des tonnes pour Daniel et quelques-unes pour Sunya. Au début, ça m'a étonné parce que Sunya restait aussi toute seule à la récréation. J'étais surpris qu'elle soit aussi populaire. Mais ensuite j'ai vu que toutes ses cartes étaient écrites au feutre sur une feuille A4 et qu'elles provenaient toutes de superhéros et qu'elles étaient toutes signées de son écriture. Elle s'en est envoyé une de Batman, une de Shrek et une du Bouffon vert, dont tout le monde sait que c'est le pire ennemi de Spiderman. Elle a posé celle-là à côté de sa trousse pour que je puisse la voir.

On ne s'était pas parlé depuis la soirée des parents et elle ne veut plus se servir de mes stylos spéciaux. Il y a tellement de trucs que j'ai envie de lui raconter au sujet du « Plus Grand Show pour Jeunes Talents de Grande-Bretagne » et de notre plan d'envoyer une lettre à maman et de laisser un mot à papa pour lui dire de venir au Manchester Palace le 5 janvier. J'ai envie de lui chanter notre chanson et de lui montrer nos mouvements de danse et de lui dire que c'est la solution de tous nos problèmes. Quand maman sera rentrée, que papa arrêtera de boire et qu'ils auront oublié Rose, papa sera trop heureux pour continuer de haïr Sunya. Peut-être que ça ne lui plaira pas qu'on soit amis, mais maman lui dira *Laisse-les tranquilles* et Sunya viendra dîner à la maison. On mangera des pizzas tropicales et ils oublieront qu'elle est musulmane.

Dans deux jours, c'est Noël. Je ne crois pas que le courrier arrive le 24 et le 25 et le 26 décembre, et il n'y avait rien dans la boîte aux lettres ce matin, hormis l'une de ces lettres de charité déprimantes qui vous demandent de penser à toutes les personnes qui meurent de faim en Afrique pendant que vous mangerez votre dinde. Je vais essayer d'y penser pendant le dîner de Noël. Cette année, on aura des sandwichs au poulet parce que c'est Jas qui s'en occupe. Je ne crois pas que les gens de la charité trouvent ça grave que je mange autre chose que de la dinde, du moment que je « réserve une pensée pour ceux qui meurent de faim » pendant que je suis assis à table.

Si la Poste ne fonctionne pas pendant les jours de Noël, ça veut dire qu'il ne reste plus que demain pour le cadeau de maman. J'essaye d'être excité. Je n'arrête pas de m'imaginer un gros colis sur le paillasson devant la porte d'entrée, mais chaque fois que je pense à la carte sur laquelle il y a écrit *Joyeux Noël, mon chéri* en grosses lettres bleues, je sens à nouveau cette étrange étincelle de quelque chose qui me fait peur. En fait, elle ne s'éteint plus jamais complètement, désormais.

J'ai demandé à Mme Farmer combien de temps à l'avance elle devait prévenir le proviseur si elle voulait prendre une journée de congé. Ç'a eu l'air de l'agacer que je lui parle, elle n'arrêtait pas de jeter des regards sur l'affiche au-dessus de son bureau, comme si toutes les taches de café étaient ma faute. Finalement, elle a dit *Si c'était vraiment important, j'aurais le droit de partir tout de suite. Maintenant va jouer dans la cour et arrête de poser des questions idiotes.*

Si c'était vraiment important. Je n'arrivais pas à me sortir ces mots de la tête. Ils tournoyaient dans mon cerveau et me donnaient le vertige. Quand on a dû écrire des rédactions, mon stylo n'a pas touché le papier et quand on a eu cours de maths j'ai mélangé les nombres et quand on a eu arts plastiques j'ai fait des moutons plus gros que les bergers car je n'étais pas concentré. Ils ressemblaient à une horde de moutons tueurs prêts à se jeter sur la crèche.

Au spectacle de l'école, surprise surprise, on a joué le morceau de l'étable et pour la première fois de ma vie j'avais un rôle d'humain. On m'a confié le rôle de l'homme qui dit *L'auberge est complète*, mais personne n'est venu me regarder alors ça n'avait aucune importance. Jas n'a pas pu rentrer de l'école suffisamment tôt et papa n'était pas sorti de son lit depuis la soirée des parents. Au début, Sunya tenait le rôle de Marie mais elle n'arrêtait pas de grogner en se tenant le ventre comme si elle allait accoucher à tout instant. À la dernière répétition, Mme Farmer a tiré Sunya de la chaise et l'a placée au milieu de la scène. Elle lui a dit de se mettre à quatre pattes et lui a annoncé qu'elle était un bœuf et qu'elle devait rester dans le fond de l'étable.

Le tout dernier jour, je mourais d'envie de parler à Sunya mais je ne savais pas comment engager la conversation. Au moment où elle a eu le dos tourné, j'ai jeté mon crayon sous sa chaise et j'allais justement lui demander de le ramasser quand Mme Farmer m'a ordonné de sortir parce que je jetais des objets pointus à travers la classe. Elle a dit *Tu aurais pu éborgner quelqu'un*, ce qui était un mensonge. Le crayon était épointé et d'ailleurs je l'avais jeté vraiment bas, alors à moins qu'un nain invisible ne se balade dans la classe, il ne risquait pas d'atteindre les yeux de qui que ce soit. Quand j'ai eu le droit de rentrer dans la classe, le crayon se trouvait toujours aux pieds de Sunya mais je n'ai pas osé le lui demander parce que Mme Farmer avait sous-entendu que je l'avais jeté là exprès. J'ai dû faire mon graphique au stylo à bille mais je l'ai raté et je ne pouvais pas l'effacer, alors je vais avoir une mauvaise note. Ce n'est pas grave. Les A ne m'intéressent plus. Jas avait raison au sujet de l'école. Ce n'est pas si important que ça, finalement.

Quand il a été l'heure d'y aller, Mme Farmer a dit *Joyeux Noël et bonne année. L'école reprend le 7 janvier, nous nous reverrons ce jour-là.* Je n'avais plus beaucoup de temps pour me réconcilier avec Sunya alors je suis resté dans la classe après tout le monde et je l'ai regardée ranger ses affaires. Elle a mis des années-lumière à mettre ses livres en pile et à vérifier que tous ses feutres avaient un bouchon et qu'ils étaient bien rangés dans sa trousse dans l'ordre des couleurs de l'arc-en-ciel. J'ai eu l'impression qu'elle attendait que je prenne la parole, mais elle fredonnait vraiment fort et grand-mère dit toujours que *C'est mal élevé d'interrompre les gens.* Cinq mèches de cheveux se balançaient devant son visage et elle n'arrêtait pas de les repousser de ses yeux. Des mots comme *Parfait* et *Brillant* et *Beau* me sont venus à l'esprit, mais Sunya s'est levée avant que je ne puisse dire quelque chose. Je l'ai suivie quand elle est allée chercher son manteau. Dans le couloir, elle s'est mise à courir et j'ai couru derrière elle. Elle a ouvert la porte à la volée et a commencé à courir dans l'allée mais elle s'est arrêtée quand j'ai crié *HÉ.*

Ce n'était pas le plus joli mot de la Terre, mais il avait capté son attention. Elle s'est retournée. La plupart des gens étaient partis et il faisait déjà noir, mais le hijab de Sunya brillait comme un feu dans la lumière orange de la rue. Je voulais dire *Joyeux Noël* mais Sunya ne fête pas Noël, alors j'ai dit *Joyeux hiver* à la place. Elle a eu l'air un peu désorientée et paniquée, peut-être parce qu'elle ne fêtait pas non plus la saison. Elle a commencé à marcher à l'envers et elle s'éloignait de plus en plus et je ne voulais pas qu'elle disparaisse dans la nuit alors j'ai crié la première chose qui m'est venue à l'esprit. *JOYEUX RAMADAN.*

Sunya s'est arrêtée. J'ai couru vers elle et j'ai tendu la main et je l'ai répété. *Joyeux ramadan.* Les mots étaient chauds dans l'air glacial et chaque syllabe faisait de la buée. Sunya m'a regardé pendant un long moment et moi je souriais, plein d'espoir. Finalement elle a dit *Le ramadan était en septembre.* J'ai eu peur de l'avoir blessée mais ses yeux ont commencé à étinceler et la tache de rousseur de sa lèvre a commencé à frémir comme si elle était sur le point de sourire. Les bracelets ont tinté. Elle a levé le bras. Mes doigts tremblaient quand sa main s'est approchée de la mienne. Plus que vingt centimètres les séparaient. Dix centimètres. Cinq centi...

Quelqu'un a klaxonné et Sunya a fait un bond en criant *Maman.* Elle a couru sur l'allée couverte de sable, elle est entrée dans la voiture et la porte s'est refermée en claquant. La voiture a démarré. Deux yeux étincelants m'ont fixé depuis le siège avant. Mes doigts tremblaient encore quand la voiture a disparu au bout de la rue noire.

*

Jas m'avait acheté des tonnes de petits cadeaux de Noël, une règle et une gomme des Manchester United et un nouveau vaporisateur de déodorant parce que je n'en avais plus. Elle les a tous empaquetés et les a mis dans une de mes chaussettes de foot pour que ça ressemble à une chaussette de Noël. Je lui ai fabriqué un cadre de photo en carton et j'y ai mis la seule photo de nous deux que j'aie trouvée. Sans maman. Sans papa. Sans Rose. Juste Jas et moi, et je nous ai entourés de fleurs noires et roses parce qu'elle est une fille et que ce sont ses couleurs préférées. Je lui ai aussi acheté une boîte de ses chocolats préférés pour qu'elle mange quelque chose, parce qu'elle est trop maigre.

On a fait des sandwichs au poulet avec une farce et aussi des frites au micro-ondes, et on a mangé tout ça en regardant *Spiderman.* Le film n'était pas aussi bien que dans mon souvenir, mais il était quand même chouette, surtout le passage où Spiderman bat le Bouffon vert. Roger a grignoté des bouts de mon sandwich mais Jas n'a pas touché au sien. Elle a dit *Je réserve de la place pour mes chocolats* et elle en a vraiment mangé trois, un peu plus tard, ce qui m'a vraiment fait plaisir. Elle n'arrêtait pas de jeter des coups d'œil par la fenêtre d'un air triste mais, chaque fois que je le remarquais, elle s'empressait de me sourire.

Maman n'a envoyé aucun cadeau et papa ne sait même pas quel jour on est. Il passe son temps allongé dans son lit à boire et à ronfler et à boire et à ronfler alors il ne nous a rien donné, lui non plus. La seule chose qu'il ait faite à Noël était de taper sur le sol de sa chambre et de crier *Arrêtez ce boucan* quand on a chanté des chants de Noël à tue-tête.

À neuf heures, quelque chose a tapé à la fenêtre. Jas m'a regardé et je l'ai regardée et on a tous les deux rampé jusqu'au rideau. Pendant une milliseconde, j'ai pensé que c'était maman qui tapait au carreau et ça m'a énervé que mon cœur batte plus vite alors que je savais très bien que ce n'était pas elle. On a déplacé le rideau pour regarder et la respiration de Jas m'a picoté l'oreille. Je ne voyais rien, juste la neige devant la maison, mais quand mes yeux se sont habitués à l'obscurité j'ai déchiffré une phrase écrite dans la neige blanche. *Je t'aime.* Jas a poussé un couinement, comme si c'était pour elle, et j'ai été déçu car ça voulait dire que ce n'était pas pour moi.

Elle a enfilé les bottes en caoutchouc de papa et elle est sortie sur la pointe des pieds. Elle était marrante avec ses cheveux roses et sa robe de chambre verte, à se frayer un chemin dans la neige. J'ai collé mon visage à la fenêtre et je l'ai vue découvrir la carte que Leo avait déposée dans le jardin. J'ai vu comme ses yeux brillaient et comme son sourire brûlait et comme son cœur gonflait dans sa poitrine comme un gâteau dans le four rouillé dont on se sert pour cuisiner, à l'école. Elle a embrassé la carte comme si c'était la plus belle chose du monde et ça m'a fait réfléchir.

J'ai mis deux heures à la faire. Avec mes stylos spéciaux, j'ai dessiné des tas de flocons de neige et un bonhomme de neige qui me ressemblait et un autre qui lui ressemblait et j'ai recouvert le tout de paillettes. Roger est resté assis à côté de moi pendant que je travaillais par terre, dans ma chambre. Il n'arrêtait pas de se mettre dans mes pieds et maintenant il a des paillettes argentées collées à la queue. J'ai trouvé que c'était plus facile d'écrire sur une carte que de parler directement à Sunya, alors j'ai noté toutes les choses que je voulais lui dire depuis le tout début. Des trucs comme *Merci d'être mon amie* et *J'aime regarder ta tache de rousseur* et *Papa est un tyran mais je ne suis pas comme lui alors s'il te plaît remets ta bague en Patafix.* Je lui ai tout raconté à propos du concours et que tout irait mieux une fois que maman serait rentrée à la maison et qu'elle aurait aidé papa à s'en sortir et que nous serions de nouveau amis après le 5 janvier. Je n'avais plus assez de place mais je l'ai quand même invitée au Manchester Palace pour regarder « Le Plus Grand Show pour Jeunes Talents de Grande-Bretagne » et j'ai dit qu'elle serait sûrement époustouflée par la manière dont Jas chantait et impressionnée par mes mouvements de danse. J'ai signé la carte du nom du seul superhéros qui ne lui en avait pas envoyé à l'école. Spiderman.

J'ai dû attendre que Jas aille se coucher avant de sortir discrètement pour aller la déposer. La première fois que je me suis faufilé dans sa chambre pour voir si ses yeux étaient fermés, Jas était en train de chuchoter dans son téléphone portable et elle m'a dit *Sors de là, sale petit espion.* Mais la deuxième fois que j'ai vérifié, elle était profondément endormie. Sa main pendait du lit, sa bouche était ouverte et ses cheveux roses étaient éparpillés sur le coussin. Son carillon a légèrement tinté quand j'ai fermé la porte le plus doucement possible.

Il était onze heures du soir quand j'ai enfilé mes bottes. Roger a frotté sa fourrure orange contre le caoutchouc rouge comme s'il savait qu'on partait à l'aventure. Ses yeux verts m'ont semblé plus grands que d'habitude pendant qu'on rejoignait la porte d'entrée sur la pointe des pieds. J'ai dit *Chuuut* parce qu'il commençait à ronronner. Dans la maison silencieuse, ça résonnait comme le moteur d'un camion. La porte a grincé quand je l'ai ouverte et la neige a craqué quand j'ai marché dessus, mais personne n'a rien entendu et j'ai descendu l'allée sans me faire repérer.

Je me sentais hors la loi à traîner dehors, comme ça, pendant la nuit de Noël. Je m'attendais à tout instant à entendre hurler les sirènes de police et à voir les lumières bleues clignoter et quelqu'un crier *Vous êtes en état d'arrestation.* Mais il ne s'est rien passé. Tout était silencieux. Tout ce que je pouvais voir, c'était la lune qui se détachait des sommets gelés des montagnes noires. J'étais libre.

Je me suis senti tout étourdi. J'ai commencé à rigoler et Roger m'a regardé comme si j'étais devenu fou. J'avais l'impression qu'il n'y avait plus personne sur Terre à part moi et mon chat, et qu'on pouvait faire tout ce qu'on voulait, absolument tout. J'ai dansé sur place et j'ai balancé mes mains dans les airs et j'ai remué mes fesses et personne n'a rien vu. J'ai commencé à tourner sur moi-même, de plus en plus vite, la neige n'était plus qu'une masse blanche qui filait devant mes yeux. J'ai sauté sur un mur et j'ai marché dessus en souriant comme je ne l'avais pas fait depuis que j'avais remporté mon but gagnant. La carte battait au vent et j'ai imaginé Sunya en train de la lire et peut-être même d'embrasser l'endroit où j'avais écrit Spiderman.

Cela m'a donné des ailes alors j'ai sauté du mur et j'ai battu l'air avec mes bras et, pendant une milliseconde, j'ai vraiment plané au-dessus de la neige avant d'atterrir sur un pied. Mon sang pétillait comme du Coca à une fête et mon corps picotait et j'avais plus d'énergie que je n'en avais jamais eu de toute ma vie. Roger a dit *Miaou* et j'ai dit *Je vois ce que tu veux dire* et je lui ai dit qu'on se retrouverait à la maison. J'ai embrassé son nez et ses moustaches ont chatouillé mes lèvres. Ensuite, je suis parti en courant le plus vite possible. Le vent froid piquait mes joues.

Mes mains se sont abattues sur le portail de Sunya. J'étais haletant, mon pouls battait à toute allure, mes pieds me faisaient mal et ma sueur coulait. J'étais en train de faire la chose la plus courageuse que j'aie jamais faite de ma vie et j'ai souri en poussant le portail et en courant le long de l'allée de la maison de Sunya. Quand j'ai sauté par-dessus la haie, j'ai volé pendant un instant avant d'atterrir dans le jardin, derrière la maison. J'étais un oiseau, j'étais à la fois Wayne Rooney et Spiderman et rien ne me faisait peur, pas même Sammy le chien qui avait commencé à grogner dans la cuisine.

J'ai posé la carte sur la pelouse et j'ai ramassé une pierre. Je l'ai jetée vers la fenêtre de Sunya, mais elle a atteint le mur, deux mètres plus bas. J'en ai ramassé une autre. Celle-là a volé par-dessus le toit. Dans les livres, on a toujours l'impression que c'est simple comme bonjour de toucher la vitre, mais moi je m'y suis repris à onze fois. Quand le gravillon a enfin touché la fenêtre, je me suis enfui en courant et je me suis caché derrière un buisson parce que je voulais observer Sunya pendant qu'elle découvrait ma carte. J'ai compté jusqu'à cent. Rien ne s'est passé. Sammy le chien était en train de devenir fou, il aboyait, il grattait et il grondait mais je m'en fichais. J'ai trouvé une pierre plus grosse et parfaite qui a cogné fort sur la vitre.

Je suis reparti me cacher dans les buissons et je me suis coupé la joue à une épine mais ça ne m'a même pas fait mal une seconde. Cette fois, je n'ai eu besoin de compter que jusqu'à treize. Un rideau s'est déplacé d'un coup sec et un visage sombre s'est affiché à la fenêtre. Une lampe s'est allumée.

Le visage sombre était celui d'un homme. Le père de Sunya a dit quelque chose à quelqu'un que je ne voyais pas, par-dessus son épaule. Il a scruté le patio, les arbres et la pelouse pendant que Sammy grognait, et j'ai eu peur qu'ils ne le laissent sortir et qu'il ne me trouve dans les buissons.

Le papa de Sunya n'a pas vu la carte. Après avoir vérifié pendant cinq minutes qu'il n'y avait pas de cambrioleurs, il a refermé les rideaux et éteint la lumière. Sammy a encore aboyé pendant un moment et ensuite il s'est tu. Je n'osais pas bouger et je suis resté aussi immobile que possible même si une brindille s'enfonçait dans ma jambe et que j'avais des fourmis dans le pied droit. J'ai fixé la fenêtre sans jamais cligner des yeux et ma rétine s'est desséchée. Je voulais que Sunya ouvre les rideaux et qu'elle trouve la carte, je voulais qu'elle soit contente parce qu'elle avait été tellement triste, à l'école. J'ai pensé à sa main, à ma main et au fait qu'elles étaient à deux doigts de se toucher, et je me suis demandé ce qui aurait pu se passer si sa maman n'avait pas klaxonné.

Après des millions d'années, je me suis dit que j'étais en sécurité et que je pouvais bouger. Le clocher d'une église a sonné les douze coups de minuit pile au moment où j'ai rampé hors du buisson. Les branches ont craqué et la manche de mon tee-shirt s'est déchirée. Quand j'ai ramassé la carte, elle était toute ramollie. La neige avait traversé l'enveloppe. J'étais justement en train de me demander s'il valait mieux la laisser là, la rapporter à la maison ou alors la mettre dans la boîte aux lettres de Sunya, quand j'ai entendu la porte de la cuisine s'ouvrir en coulissant.

J'aurais dû courir ou me cacher ou me jeter à terre et me recouvrir de neige, mais mon corps est resté immobile. Je tournais le dos à la maison alors je n'avais pas la moindre idée de qui se tenait là et j'ai bondi quand une langue mouillée a léché ma main. Sammy remuait la queue et elle battait contre ma jambe tremblante. J'ai compté jusqu'à trois, je me suis retourné et elle était là. Son foulard était enroulé autour de ses cheveux, mais pas aussi serré que d'habitude, plutôt comme si elle l'avait fait à toute allure. Elle portait un pyjama bleu et je pouvais voir ses orteils, ils étaient minuscules et marron et tout droits, ça faisait joli sur le carrelage de la cuisine.

Elle m'a regardé et je l'ai regardée mais elle n'a pas souri. J'ai dit *Salut* et elle a posé un doigt sur ses lèvres pour me dire de me taire. Je me suis avancé vers elle et mes bras m'ont tout d'un coup paru trop longs, mes jambes trop pataudes et mon visage trop chaud. Je lui ai tendu la carte mais elle n'a pas eu l'air aussi contente que Jas. J'ai dit *Cette carte est spécialement pour toi, je l'ai faite avec du papier et des paillettes*, au cas où elle ne mesurerait pas à quel point elle était particulière. Elle n'a pas dit *Merci* ou *Waouh*, elle n'a pas couiné comme les filles couinent quand elles sont contentes. Elle a dit *Chuuuut* et elle a regardé par-dessus son épaule comme si elle craignait que quelqu'un ne puisse nous surprendre.

J'ai poussé la carte dans sa main et j'ai attendu qu'elle ouvre l'enveloppe. J'étais sûr qu'en voyant le bonhomme de neige avec le tee-shirt de Spiderman et l'autre bonhomme de neige avec le hijab, elle trouverait ça drôle et qu'elle sourirait. Mais elle a caché la carte sous son pyjama et elle a dit *Il faut que tu partes.* Comme je ne bougeais pas, elle a de nouveau jeté un coup d'œil par-dessus son épaule et elle a dit *Va-t'en, s'il te plaît. Je n'ai pas le droit d'être ton amie. Maman dit que tu n'apportes que des ennuis.* J'ai dit *QUOI* et elle a mis sa main sur ma bouche. Mes lèvres ont brûlé comme le jour d'Halloween. Une latte du plancher a craqué, en haut. Elle a dit *Va-t'en* et elle m'a repoussé avant d'attraper Sammy par le collier et de l'entraîner à l'intérieur. Une lumière s'est allumée pendant que je courais dans la neige et que Sunya fermait la porte de la cuisine. Et cette fois, quand j'ai sauté par-dessus la barrière, je n'ai pas volé. Je suis tombé et j'ai percuté la terre glacée en faisant *Paf.*

18

J'ai renversé mes Coco Pops quand j'ai vu Jas entrer dans la cuisine. Je l'ai à peine reconnue. J'ai dit *Tu ressembles à...*, mais elle m'a dit *Ta gueule* et *Donne-moi un stylo.* Elle s'y est reprise à dix fois pour écrire son message à papa. Dans l'un d'entre eux, il y avait écrit *S'il te plaît s'il te plaît s'il te plaît viens*, mais ça sonnait vraiment désespéré alors dans le suivant, elle a mis *Viens, sinon* mais c'était un peu trop menaçant. Après huit autres tentatives, elle a opté pour *Papa. Jamie et moi, nous avons une surprise pour toi. Nous serions très heureux que tu viennes au Théâtre Manchester Palace aujourd'hui. Sois sur place à 13 heures pour le spectacle de ta vie.*

J'étais plus nerveux que la personne la plus nerveuse que je connaisse et qui était le lion du *Magicien d'Oz.* Mon estomac était plein de quelque chose de plus grand et de plus effrayant que des papillons. Peut-être que c'était des aigles ou des faucons, quelque chose comme ça. Maintenant que j'y pense, c'était peut-être un de ces singes avec des ailes qui ont kidnappé Dorothy et qui l'ont emmenée chez la fée qui a peur de l'eau. Enfin, quoi que ce soit, ça n'arrêtait pas de mordre ma peau et de se balancer d'une manière pas agréable du tout. J'avais peur de tout oublier et de tout gâcher alors je n'arrêtais pas de me répéter les paroles et de me repasser les mouvements de danse pendant que Jas écrivait son message. C'est la raison pour laquelle elle a dû déchirer le sixième message adressé à papa. J'ai tapé son stylo avec ma jambe alors que je faisais un saut particulièrement périlleux et je ne sais pas pourquoi mais ça m'a fait rire. Jas a eu l'air énervée, elle m'a dit *Purée, Jamie.* Elle a refusé que je l'aide à déposer la lettre sur la table de chevet de papa et à mettre son réveil à sept heures et quart parce qu'elle avait peur que je fasse trop de bruit.

Il était cinq heures du matin et on était vraiment silencieux, même si ce n'était pas vraiment nécessaire. Papa ne se réveille même pas au milieu de la journée quand la télé marche à fond dans le salon. On a quand même marché sur la pointe des pieds et nos cœurs faisaient BOUM chaque fois que l'un de nous deux laissait tomber quelque chose ou parlait trop fort. Jas avait peur parce que Leo venait nous chercher dans sa voiture et elle ne voulait pas que papa devienne fou en le voyant. Moi, j'avais peur que papa ne découvre notre secret et qu'il ne nous empêche d'y aller et qu'il ne se réconcilie jamais avec maman. On lui a envoyé une lettre le 28 décembre, ce qui lui avait vraiment laissé plein de temps pour s'organiser. Cette fois, M. Walker n'est pas une excuse car le collège est fermé à Noël. J'ai tout fait pour que la compétition ait l'air vraiment importante et je n'ai pas arrêté d'écrire *Une opportunité unique,* une phrase que j'avais entendue à la télé, et *Viens à Manchester pour changer de vie,* que j'ai recopié du prospectus qu'ils m'avaient envoyé, et *S'il te plaît, maman, j'ai vraiment besoin de te voir,* que j'ai trouvé tout seul.

Je n'arrive pas à croire que je suis en train de faire ça, a dit Jas quand on s'est postés dans l'entrée pour attendre Leo. *Mon horoscope m'a dit de ne pas prendre de risques, aujourd'hui.* Elle a respiré par à-coups en posant sa main sur sa poitrine. En voyant ses doigts trembler, j'ai proposé *On revoit une dernière fois notre spectacle.* On a chuchoté les paroles en faisant les mouvements de danse, mais Roger s'était réveillé et n'arrêtait pas de traîner dans nos pieds. Il enroulait son corps entre mes chevilles et ça m'empêchait de bondir, de taper du pied ou de courir autour de Jas comme je suis censé le faire dans le premier couplet. Il me tapait sur les nerfs mais j'ai essayé de ne rien dire parce que je me sentais toujours coupable de lui avoir claqué la porte au nez. Mais quand j'ai marché sur sa queue à paillettes, j'ai un peu perdu patience. Je me suis penché et il m'a lancé un regard plein d'attente, comme s'il était sûr de recevoir une caresse, mais au lieu de frotter sa fourrure, je l'ai soulevé, je l'ai emmené dans le couloir et j'ai refermé la porte du salon. Il s'est mis à miauler à la porte mais je l'ai ignoré et il a fini par se lasser et partir.

Jas a couiné *Il est là.* Une voiture bleue s'est rangée devant la maison. Elle a trifouillé dans ses nouveaux cheveux et m'a demandé *Ça va* et j'ai dit *Oui* même si c'était un peu bizarre. Elle avait dû les teindre en brun hier soir, et ce matin elle les avait soigneusement peignés en deux tresses courtes. Elle ressemblait tellement à Rose que c'était déroutant. Je sais bien qu'elles étaient identiques et tout, mais Jas ne ressemble qu'à Jas, maintenant. Quand je me suis assis dans la voiture de Leo, c'était comme si l'esprit de Rose était descendu de ce nuage au paradis. Tout d'un coup les piercings, les cheveux roses et les vêtements noirs m'ont manqué. Jas portait une robe à fleurs, un cardigan et des chaussures plates à boucles, les dernières que maman lui avait achetées à Londres. Moi, je portais toujours mon tee-shirt de Spiderman parce que maman serait sûrement déçue si je ne le portais pas. Je l'ai rendu le plus beau possible en l'essuyant avec un chiffon et en rafistolant la manche avec des épingles à nourrice.

Leo a levé un sourcil quand il a vu Jas. Elle l'a regardé avec son visage tout tendu et elle a dit *C'est juste pour aujourd'hui* et il a eu l'air soulagé mais il a dit *T'es super mignonne.* Alors Jas s'est mise à rire et Leo a rigolé, lui aussi, et comme je ne voulais pas être en reste j'ai rigolé aussi et on s'est mis en route. On a roulé vite parce que la lettre disait « premier arrivé premier servi » et que seuls cent cinquante groupes auraient le temps de passer sur scène. On a filé à travers les montagnes et le soleil s'est levé pendant qu'on gravissait des collines, qu'on traversait des villages et qu'on brinquebalait sur des routes de campagne. À un moment, on a roulé tout droit vers le soleil, et la voiture s'est remplie de lumière orangée, c'était chaud comme d'être dans un jaune d'œuf ou quelque chose comme ça. Tout était beau, tout était plein d'espoir et tout d'un coup j'ai eu hâte d'être sur scène.

*

À notre arrivée, une fille armée d'un bloc-notes s'est approchée de nous et nous a demandé *Vous présentez quel genre de numéro.* Jas a répondu *Chant et danse* et la fille a soupiré comme si c'était la chose la plus ennuyeuse qu'elle ait jamais entendue. Elle nous a donné un numéro, le cent treize, et elle a dit *Soyez prêts à dix-sept heures. Vous avez droit à trois minutes de scène, sauf si les juges ne vous aiment pas.* J'ai regardé l'horloge, sur le mur. Il était onze heures dix.

Il y avait des tonnes de gens dans la salle d'attente. Des clowns en train de jongler avec des fruits, vingt filles en tutu, cinq femmes avec des chiens capables de faire des tours, neuf magiciens qui extrayaient des animaux de chapeaux et un lanceur de couteaux tatoué, qui découpait une pomme en tranches avec une lame qu'il avait coincée entre ses dents en or. Jas et moi, on a trouvé deux chaises en bois au milieu de la salle et on a attendu.

Le temps a passé vite. On révisait le numéro deux fois par heure. Il y avait tellement de gens à observer et tellement de choses à penser à propos de tout ça que, chaque fois que je regardais ma montre, les aiguilles semblaient avoir fait un bond de trente minutes. Je n'arrêtais pas de m'imaginer papa en train de découvrir la lettre près de son lit, se dépêcher de prendre une douche et choisir une tenue chic pour le spectacle. Je n'arrêtais pas de m'imaginer maman en train d'enfiler une jolie robe en disant *L'endroit où je vais ne te regarde pas, Nigel* et nous acheter une carte de félicitations à la station-service sur l'autoroute de Manchester. Ils se croiseraient sans doute dehors et se feraient des sourires et secoueraient la tête en disant *Les enfants* d'un air mi-bougon, mi-orgueilleux, comme s'ils ne pouvaient pas croire que nous étions suffisamment courageux pour organiser une surprise aussi géniale. Ils choisiraient des chaises tout près de la scène et ils partageraient une glace et ils savoureraient chacun des cent douze spectacles d'avant le nôtre mais là, nous entrerions en scène et Jas ressemblerait exactement à Rose et papa serait content qu'elle soit redevenue normale et ils diraient tous les deux *Waouh* quand je commencerais à danser avec mon tee-shirt de Spiderman.

C'est la première chose chouette qui me soit venue à l'esprit dans la salle d'attente. La seconde chose chouette qui me soit venue à l'esprit comptait deux yeux étincelants et deux mains brunes qui claquaient plus fort que toutes les autres pendant que je chantais ma dernière note et que je levais les bras au ciel. Le cent cinquième numéro est entré en scène. La jambe de Jas a commencé à trembloter. Elle était pâle et jeune avec ses nouveaux vêtements et j'ai ressenti un besoin urgent de la protéger. J'ai posé mon bras autour de ses épaules même si ce n'était pas facile à faire, elle a souri et m'a chuchoté *Merci*. Ses os ressortaient sous sa peau et j'ai dit *Tu devrais manger un peu plus*. Elle a eu l'air surprise. J'ai dit *Tu es suffisamment mince* et ses yeux se sont remplis de larmes. Les filles sont bizarres. On s'est donné la main et on a attendu.

Cent huit. Cent neuf. Cent dix. Il ne restait plus que deux numéros avant le nôtre, maintenant. La salle d'attente se vidait. Ça sentait la sueur et le maquillage et la vieille nourriture et il faisait une chaleur de fou car les radiateurs étaient à fond. La musique a commencé pour le numéro cent onze. Le vieux monsieur avait à peine chanté cinq notes quand son CD a été éteint et que les juges lui ont dit qu'il n'avait aucun talent. La salle a commencé à scander *Virez-le. Virez-le. Virez-le. Virez-le*, et Jas est devenue toute verte. Elle a dit *Je ne vais pas y arriver* en secouant la tête et en se tenant l'estomac. *Je crois vraiment que je ne vais pas y arriver. Mon horoscope m'a dit de ne pas prendre de risque.*

Le vieux monsieur est ressorti par une porte qui menait à la scène et il s'est laissé tomber sur une chaise. Il a entouré son crâne chauve de ses mains et ses épaules tremblaient parce qu'il pleurait. Des caméras de télévision l'avaient suivi quand il était descendu de la scène et elles cadraient des gros plans sur lui, jusqu'à ce qu'il dise *Allez-vous-en* comme s'il était fou, alors qu'il était juste triste parce que c'en était fini de son rêve. Il y avait des paillettes sur son tee-shirt et des paillettes sur son pantalon, il avait dû mettre plusieurs jours à les coudre et il n'était resté sur scène que dix secondes.

Sincèrement, je ne vais pas y arriver, a répété Jas en regardant le vieux monsieur d'un air terrorisé. *Mon horoscope avait raison. C'est une mauvaise idée. Je suis désolée, Jamie.* Elle s'est vraiment levée et a commencé à partir. Jusque-là, je pensais qu'elle jouait juste un peu la comédie. J'ai dit *Attends* et ma voix n'était plus qu'un tout petit filet. J'étais terrifié à l'idée qu'elle s'en aille. *S'il te plaît, ne pars pas.* Elle ne m'a pas écouté. Elle s'est mise à courir et ses nattes bondissaient tandis qu'elle atteignait la porte au-dessus de laquelle était écrit SORTIE. La fille avec le bloc a crié *Cent douze* et un homme habillé en Michael Jackson a pris une grande inspiration et s'est levé. Jas était à la porte, les doigts serrés autour de la poignée. Je ne pouvais pas la laisser partir. J'ai crié *Pense à maman. Pense à papa. Et à Leo.* Elle a poussé la porte et l'air glacé est entré mais Jas n'est pas sortie. J'ai couru vers elle et j'ai attrapé sa main. Elle a chuchoté *Tu crois vraiment qu'ils nous regardent.* Ses yeux étaient immenses sur son visage blanc. J'ai répondu *Oui. Leo nous a déposés et il a promis que...* Elle a secoué la tête. Elle a dit *Pas Leo* et elle s'est mordu très fort la lèvre. Une toute petite goutte de sang a coulé d'une coupure. Elle l'a tapotée d'un doigt. Elle avait même enlevé le vernis noir de ses ongles et l'avait remplacé par du vernis rose pâle. *Maman.*

J'ai de nouveau ressenti cette étincelle de quelque chose mais plus fort qu'avant, et pour la première fois j'ai su exactement de quoi il s'agissait. Le doute. Si l'envie est rouge alors le doute est noir et la pièce est devenue toute noire et c'était exactement le contraire du jaune d'œuf de la voiture. Tout m'a semblé moche et sans espoir. J'ai pensé à mon anniversaire et au *P.-S.* et à la soirée des parents mais j'ai quand même hoché la tête en disant *Elle est là.*

Jas a dit *Elle n'est pas venue pour Noël* d'une toute petite voix que je n'avais jamais entendue. Une larme a coulé de sa joue pendant que la musique de «Thriller» de Michael Jackson retentissait sur scène. J'ai dit *Non,* et mes tripes ont fait des nœuds. *Elle a sans doute cru qu'elle n'était pas invitée.* Jas m'a regardé avec ses yeux pleins de larmes. Elle a dit *Je l'ai invitée, moi* et le nœud s'est serré encore un peu plus. Je me suis souvenu de la manière dont Jas n'arrêtait pas de regarder par la fenêtre, le jour de Noël. *Je lui ai envoyé une carte pour lui demander de venir pour nous aider à préparer une dinde.* Elle pleurait fort, maintenant, et c'était difficile de comprendre ce qu'elle disait, en plus j'avais du mal à me concentrer car mon estomac me faisait vraiment mal. *Je lui avais déjà écrit avant. Je lui ai tout raconté au sujet de papa, je lui ai dit qu'on avait besoin de son aide parce qu'il boit tellement qu'il ne peut pas s'occuper de nous comme il faut. Mais elle n'est pas venue, Jamie. Elle nous a abandonnés.*

À la télé, la pub que j'aime le moins s'appelle «Sponsorisez un chien». Elle parle de tous ces chiens qui ont été abandonnés par leurs propriétaires dans des poubelles ou dans des boîtes ou sur le bord des routes de campagne. Ils passent toujours de la musique déprimante et les queues des chiens pendent tristement et leurs yeux sont pleins de douleur. L'homme avec un accent londonien n'arrête pas de raconter comment ils ont été abandonnés et comment personne au monde ne les aime suffisamment pour s'en occuper. Voilà ce que veut dire abandonné.

J'ai dit *Maman nous aime* mais tout ce que j'entendais, dans ma tête, c'était cet accent londonien qui disait *Jamie a besoin d'un nouveau propriétaire.* Je me suis efforcé de chasser cette voix. *Maman nous aime maman nous aime maman no...* Jas a secoué la tête et ses nattes se sont balancées à côté de ses oreilles. Elle a répondu d'une voix tout étranglée *Elle ne nous aime pas, Jamie.* Les larmes coulaient sur son menton. *Comment est-ce qu'elle peut nous aimer. Elle nous a quittés. Le jour de mon ANNIVERSAIRE.* Jas a crié la fin de la phrase parce que j'avais posé mes mains sur mes oreilles pour ne pas entendre ces mots. J'ai commencé à chanter la chanson de Michael Jackson. Je ne voulais plus rien entendre. Elle a répété *Le jour de mon anniversaire* en enlevant mes mains de mes oreilles et en fermant mes lèvres avec ses doigts. *Et elle ne nous a donné aucune nouvelle depuis.* Je me suis libéré de son emprise. J'ai crié *Tu mens* en tapant du pied. Tout d'un coup, j'étais furieux. Le lanceur de couteaux nous a regardés en secouant la tête mais ça m'était égal. Mon sang bouillonnait, je voulais donner des coups de pied et des coups de poing et crier et hurler et tout laisser sortir comme un volcan énorme. *Ce n'est pas vrai. Maman m'a envoyé un cadeau et c'était le plus beau cadeau que j'aie jamais reçu et je l'adore et TU MENS.*

La musique de « Thriller » s'est arrêtée.

Numéro cent treize.

Jas a ouvert la bouche pour dire quelque chose. J'ai attendu, haletant, mais elle a fini par secouer la tête comme si elle changeait d'avis. *D'accord. Maman t'a envoyé un cadeau d'anniversaire. Génial.*

La fille au bloc-notes a répété *Numéro cent treize* d'une voix exaspérée. Elle a regardé une vieille dame avec des claquettes, un petit garçon avec un perroquet et enfin Jas et moi. *Où êtes-vous. Un, un, trois, avancez, s'il vous plaît.*

Jas a essuyé ses yeux et puis elle a regardé sa tenue. Elle a dit *Regarde-moi* en caressant sa robe à fleurs. *Regarde-toi.* Elle a touché les épingles à nourrice sur la manche de mon tee-shirt. *Regarde tout ce qu'on a fait pour eux, Jamie. Et pour quoi, Jamie.* Jas a dit *Maman n'a sûrement pas quitté Nigel pour venir nous voir.* Elle a posé sa main sur ma tête et ça m'a donné l'impression d'être en sécurité. Je me suis efforcé d'arrêter de haleter et de me calmer. *Et papa est sûrement trop soûl pour sortir de son lit. On a perdu notre temps.* J'ai mis ma main sur la sienne. J'ai dit *Mais peut-être que ça a quand même marché.* J'ai ravalé tous mes doutes et toute ma déception et toute ma colère, mais ils étaient presque trop gros, comme des pilules de vitamines qu'on n'arrive pas bien à avaler, même avec de l'eau. *S'il te plaît, Jas. S'il te plaît. Juste au cas où ils regarderaient. Je ne veux pas laisser tomber comme ça.* Jas a fermé les yeux comme si elle réfléchissait.

La fille a crié *Numéro cent treize* en tapant sur son bloc-notes avec son stylo. *Votre temps s'écoule.* Les juges attendent. *Si vous ne venez pas MAINTENANT vous allez passer à côté de la chance de votre vie.*

J'ai touché le bras de Jas. *S'il te plaît.* Elle a ouvert les yeux, elle m'a fixé et elle a secoué la tête en disant *C'est une perte de temps, Jamie. Ils ne sont pas là. Je ne peux pas supporter de te voir déçu. Pas encore une fois.*

Numéro cent treize. La fille a scruté la salle une dernière fois avant de faire une grande croix sur son bloc-notes. *Très bien. Alors on passe à cent quatorze.*

19

Mes jambes ont cédé et je me suis étalé par terre. Ma tête est tombée dans mes mains. Les claquettes de la vieille dame ont résonné à travers la salle d'attente pendant qu'elle se dirigeait vers la porte qui menait à la scène.

ATTENDEZ. Jas a crié et mon cœur s'est arrêté de battre. *ATTENDEZ. Nous sommes le numéro cent treize. Nous sommes là.*

J'ai levé les yeux et Jas m'a tendu la main. Je l'ai attrapée et elle m'a hissé sur mes pieds. Elle a chuchoté *Je le fais pour toi* et les coins de ma bouche ont failli toucher mes lobes quand j'ai fait le plus grand sourire de ma vie. *Pas pour maman. Pas pour papa. Pas pour Rose. Toi. Nous.* J'ai hoché la tête, on a couru vers la scène et mon cœur a fait un BAM qui m'a secoué les côtes.

La fille au bloc-notes a soupiré avec impatience. Elle a dit d'un ton cassant *Je ne devrais pas vous laisser y aller,* mais elle a ouvert la porte de la scène et on a grimpé en haut des marches et tout d'un coup il y avait des lumières, des caméras et des centaines d'yeux qui brillaient dans l'obscurité du théâtre.

On s'est avancés sur la scène. Le public s'est tu. J'ai reconnu l'un des deux juges qui était à la télé. Il a roulé des yeux quand il a vu mon tee-shirt de Spiderman. Il a dit *Et vous êtes.* Comme je ne savais pas si la bonne réponse était Spiderman, James Aaron Matthews ou Jamie, j'ai dit les trois. Le public a fait un de ces ricanements et je me suis demandé si papa, maman et Sunya ricanaient aussi. Jas a écrasé mes doigts. Ils étaient tout collants de sueur. Le monsieur a demandé *Et toi, qui es-tu* et Jas a répondu *Jasmine Rebecca Matthews.* Le monsieur a dit *Comment, tu n'es pas Supergirl ou Catwoman* d'un ton sarcastique. Le bras de Jas a commencé à trembler et j'ai eu envie de donner un coup de pied au monsieur qui lui faisait tellement peur.

La femme juge a demandé *Et qu'est-ce que vous allez nous présenter aujourd'hui.* J'ai chuchoté *Une chanson et une danse.* Le monsieur a bâillé. Il a dit *Oh, comme c'est original* et des centaines de personnes ont rigolé. La dame lui a tapé sur le poignet en disant *Tiens-toi bien,* mais aussitôt elle s'est mise à ricaner elle aussi. J'ai essayé de sourire comme si j'étais dans le coup mais mes dents étaient tellement sèches que ma lèvre supérieure y est restée collée. Quand tout le monde s'est calmé, la dame a demandé *Et qu'est-ce que vous allez nous chanter.* Jas a murmuré *Le Courage de voler.* Les deux juges ont grogné, le monsieur a laissé tomber sa tête sur le bureau et tout le monde a de nouveau éclaté de rire. J'ai levé les yeux vers Jas. Elle essayait d'être courageuse mais je voyais bien qu'elle avait des larmes dans les yeux. Je me suis senti mal, parce qu'elle avait pris tous ces risques pour moi et que, pour l'instant, ce n'était pas vraiment payant. Pendant un tout petit instant, je me suis attendu à ce que papa nous défende ou à ce que maman accoure sur scène pour dire *Je vous interdis de traiter mes enfants de la sorte,* mais il ne s'est rien passé.

Le monsieur a dit *Eh bien, allez-y alors* comme si on l'ennuyait vraiment et, tout d'un coup, je n'ai plus eu envie de leur montrer notre danse et notre chanson. Notre numéro était bien trop précieux pour ces gens qui ne comprenaient rien. Il faisait chaud sous les projecteurs et le tee-shirt de Spiderman collait à ma peau. J'avais l'impression qu'il était plus grand que jamais ou alors que j'étais plus petit que jamais mais, en tout cas, ça n'allait pas. Maman allait sûrement être déçue et je me suis senti coupable comme si je l'avais trahie.

On n'avait pas de CD et personne n'a fait de compte à rebours, du coup on ne savait pas quand commencer. On est restés plantés là. Tout le monde attendait. Quelques personnes nous ont sifflés. Je ne voulais pas que papa et maman les entendent mais je n'osais pas chanter. Le public a commencé à psalmodier *Virez-les. Virez-les. Virez-les. Virez-les.* C'était tout le corps de Jas qui tremblait, désormais, pas seulement son bras. Ce n'était pas du tout ce qu'on avait prévu. Tout allait de travers et je ne savais pas comment arranger les choses.

Virez-les. Virez-les. Virez-les. Virez-les.

La panique est montée dans ma poitrine, comme une de ces vagues sur la plage qui se brisent d'un coup en emportant tout. Soudain, le monsieur a crié *Faites-moi sortir ces deux-là* en secouant la main comme s'il chassait une mouche. *Ils nous font perdre notre temps.*

NON. Jas a dit ça bien fort. C'était plus un cri qu'autre chose, mais le public s'est tu. Les juges ont regardé Jas avec étonnement et elle a courageusement soutenu leur regard. Elle était géniale. Les larmes avaient disparu, les tremblements aussi, et tout d'un coup elle était la sœur de la balançoire. Comme elle n'avait plus peur, je n'avais plus peur non plus. On a commencé à chanter.

Ton sourire élève mon âme vers le ciel.
Ta force me donne le courage de voler.
Un cerf-volant, si près de la terre et pourtant libre.
Ton amour révèle ce qu...

On a tenu plus longtemps que le vieux monsieur. Peut-être quinze ou seize notes. Je n'ai pas entendu le juge dire *Stop* parce que j'étais en train de courir à l'arrière de la scène en battant des ailes comme une fée ou un oiseau, enfin ce qui est censé voler dans la chanson. Quand j'ai réalisé que Jas avait arrêté de chanter, mes bras sont retombés sur mes flancs. Le chemin depuis l'arrière de la scène m'a semblé plus long qu'un marathon. Mme Farmer dit qu'un marathon fait 42,16 kilomètres et que ce n'est pas très bon pour les articulations des genoux.

Le monsieur a dit *Je n'ai jamais été aussi impressionné et aussi dégoûté à la fois. C'était génial et atroce. Fantastique et terrifiant.* Je n'avais pas la moindre idée où il voulait en venir et d'ailleurs je ne l'écoutais pas vraiment parce que j'étais en train de scruter le public pour essayer de repérer maman. L'homme a pointé un doigt vers moi et il a dit *Toi, tu étais la partie terrifiante. Enfin, est-ce que c'était censé être de la danse.* C'était bien une question mais elle ne semblait pas appeler de réponse alors j'ai juste haussé les épaules. L'homme a fait un de ces sourires satisfaits, il a croisé les bras et le public a rigolé. Et ensuite il a repris *Mais toi, en désignant Jas du doigt. Toi, tu étais la partie géniale. C'était absolument magnifique. Où as-tu appris à chanter comme ça.* Jas a eu l'air surprise et elle a dit *Maman m'a appris quand j'étais petite, mais je n'ai plus chanté depuis quatre ans.* L'homme s'est caché derrière sa main pour chuchoter quelque chose à la dame. Les caméras ont zoomé sur eux et ensuite sur nous. Le public a retenu sa respiration. La dame a dit *Oui, oui, je trouve aussi,* et le monsieur s'est retourné vers nous avec un sourire. Il a dit *Nous aimerions que vous refassiez un essai.* Jas a hoché la tête et je me suis préparé à battre des bras et à chanter la première note. *Sans la danse. Sans ton frère.*

Jas m'a regardé comme si elle ne savait pas quoi faire mais j'ai levé mon pouce. Il valait mieux qu'elle passe seule plutôt qu'on soit recalés tous les deux. Et je sais qu'elle est meilleure que moi, alors ce n'était pas vraiment un choc. Moi, je ne chante pas trop mal, mais elle, elle a une voix d'ange. J'espérais vraiment que papa l'écoutait.

L'homme m'a désigné des marches qui se trouvaient sur le côté de la scène et qui menaient à la salle. J'ai suivi son conseil et je me suis assis pendant que Jas prenait une grande inspiration. Sur la scène, toutes les lumières se sont éteintes à l'exception d'une seule, qui a ébloui Jas. Elle a cligné des yeux. L'homme a croisé les bras et s'est enfoncé dans sa chaise. La dame a posé son menton sur sa main. Jas a avancé et le projecteur l'a suivie. L'homme a dit *Quand tu veux* et Jas a commencé. Pas très fort, au début. Un peu tremblante. Mais, après quelques mots, ses épaules se sont détendues, sa bouche s'est ouverte et le son était vraiment magnifique. Il volait dans les airs comme ce cerf-volant à St Bees.

Jas a chanté avec chaque parcelle de son corps. Elle a chanté avec ses yeux et avec ses mains et son cœur et quand elle a atteint la note la plus haute, le public s'est levé et les juges ont applaudi et tout le monde l'acclamait, mais personne autant que moi. J'avais oublié qui j'étais. J'avais oublié que j'étais sur la scène devant des centaines de personnes parmi lesquelles il y avait peut-être papa et maman et des tonnes de caméras de télévision. J'avais tout oublié sauf ma sœur et les paroles de sa chanson. Pour la première fois, elles prenaient un sens et elles me donnaient ce sentiment de courage, comme si ce lion dans le ciel était quelque part dans ma poitrine, maintenant.

La chanson était finie. Jas a fait un petit salut pendant que le théâtre croulait sous les applaudissements. Les juges m'ont désigné et ensuite ils ont désigné le milieu de la scène. Je me suis levé et j'ai eu l'impression d'être un petit garçon différent et j'ai espéré que maman verrait comment mes épaules s'étaient redressées et comment mon torse s'était bombé comme cette grosse cornemuse dans laquelle ce type écossais avait fièrement soufflé.

Le monsieur a repris la parole *Bon, la chanson est vraiment nulle.* Le public a sifflé, mais cette fois-ci il était de notre côté. *Vraiment un très mauvais choix.* J'ai souri et Jas a souri aussi. Ce que les juges pensaient nous était bien égal, désormais. Le type a dit *La danse était vraiment exécrable. Et toi, jeune Spiderman, tu es peut-être un superhéros mais tu ne sais assurément pas chanter.* Jas a posé sa main sur mon épaule. *Quant à toi, jeune fille, disons tout simplement que* – il a fait une pause dramatique et il a regardé Jas droit dans les yeux – *c'est ce que j'ai entendu de mieux aujourd'hui.* Le public a applaudi. *On se voit au prochain tour.* Le public l'a acclamée. *Sans ton frère, bien sûr.* Le public a éclaté de rire. Le monsieur a crié *Suivant* et on a dû partir. J'ai commencé à redescendre de la scène.

Je ne crois pas. Quand Jas a prononcé ces mots, je me suis retourné d'un bloc et les juges ont levé les sourcils. L'homme a dit *Tu ne crois pas quoi.* La voix de Jas était forte et claire quand elle a répondu. *Je ne crois pas que vous me verrez au prochain tour.* Le public a retenu son souffle. L'homme a eu l'air choqué. Il a dit *Ne sois pas ridicule. C'est la chance de ta vie. Cette compétition peut faire basculer ton existence.* Jas a attrapé ma main et elle l'a écrasée. Elle a dit *Et si on n'avait pas envie de changer de vie,* et là, elle n'a pas regardé le juge mais le public. Elle a levé la voix et j'ai su à qui elle parlait. *Je ne chanterai pas sans Jamie. Je n'abandonnerai pas mon frère. Les familles devraient toujours rester solidaires.*

*

On est descendus de la scène sous les acclamations qui ont duré des siècles. La fille au bloc-notes a secoué la tête, mais tous les autres concurrents nous ont entourés. Ils disaient *C'était incroyable* et *Bravo,* et même si cela s'adressait surtout à Jas, je me suis dit qu'il y en avait un peu pour moi aussi et ça m'a fait du bien. J'ai tendu ma main à nos fans et je les ai absolument toutes serrées, comme Leo ou Wayne Rooney. Tout d'un coup, mon tee-shirt semblait m'aller parfaitement et j'ai eu l'impression d'avoir grandi. Peut-être que c'était différent d'avoir un âge à deux chiffres, finalement. Ensuite, nous nous sommes assis et nous avons attendu la fin du spectacle. On n'a pas parlé parce que notre joie était trop grande pour des mots.

Une heure plus tard, après le dernier numéro dans lequel un monsieur chantait un air d'opéra tout en faisant le poirier, Jas a dit *On va chercher Leo.* On est sortis de la salle d'attente. Il faisait noir dehors et la neige tombait toujours. On est entrés par la porte principale. Il y avait des grandes lampes scintillantes très chic au plafond, qui ressemblaient à d'énormes boucles d'oreilles pendantes. Le tapis était rouge et les rampes étaient dorées et le théâtre sentait les bonbons et le succès. Je cherchais Sunya et papa et je cherchais cherchais cherchais maman avec sur mon visage un sourire de la taille de la lune nouvelle.

On s'est faufilés à travers la foule, tout le monde nous regardait en hochant la tête et en souriant parce qu'ils nous reconnaissaient. Un monsieur a levé la main en l'air pour me faire un tope-là mais je l'ai raté. Une vieille dame a croassé *Vous m'avez fait pleurer* et j'ai dit *La ferme*, mais Jas a dit *Merci beaucoup*, je suppose donc que c'était un compliment même si à première vue ça ne me semblait pas très gentil. Jas cherchait une crête verte et moi je cherchais une tête brune brillante et nos cous s'allongeaient et nos yeux dardaient et nos pieds avançaient de plus en plus vite et nos têtes se tournaient dans tous les sens et là on s'est

ARRÊTÉS. On les a vus exactement au même moment. À vingt mètres de nous. Deux visages qui regardaient dans des directions opposées. Silencieux. Comme des étrangers. Pas Leo. Pas Sunya. Maman et papa.

Maman !

J'ai crié aussi fort que je le pouvais mais elle n'a pas entendu.

Maman ! !

Il y avait trop de monde qui grouillait dans l'entrée du théâtre. J'ai été poussé de côté par un homme qui portait un maquillage de clown. Sa femme a couiné *Tu étais magnifique* en embrassant son nez rouge luisant. Debout sur la pointe des pieds, j'ai essayé de voir maman par-dessus leurs têtes.

Des bottes noires.

Un jean bleu.

Un manteau vert.

Et des mains.

Roses, vivantes, des vraies mains qui serraient un sac noir et jouaient avec la fermeture argentée. Des mains qui avaient préparé le dîner, caressé mes bobos et passé des pulls par-dessus ma tête quand il faisait froid. Des mains qui m'avaient bordé dans mon lit. Des mains qui m'avaient appris à dessiner.

Jas a dit *Merde, elle est vraiment venue.* On est restés plantés là à la regarder pendant que le théâtre bourdonnait autour de nous.

Maman était bronzée. Ses yeux étaient entourés de toutes ces rides que je n'avais jamais vues auparavant. Elle s'était fait couper les cheveux. Il y avait quelques endroits un peu gris près de ses tempes et quelques mèches blondes sur le dessus. Elle avait l'air différente, mais elle était là. J'ai lissé mon tee-shirt, j'ai redressé mon col et j'ai arrangé les manches sans la quitter des yeux au cas où elle disparaîtrait.

Tout d'un coup, elle nous a vus. Jas a juré. J'ai fait des signes de la main et maman est devenue toute rouge, elle a levé le bras mais sa main est restée immobile. Son bras est retombé. Elle a dit quelque chose à papa qui l'a ignorée. Jas a dit *Et voilà* et elle a passé un bras autour de mes épaules. Je sentais ses côtes monter et descendre pendant qu'on s'avançait dans la foule.

Le temps passait trop lentement et trop vite, tout à la fois. Quand on s'est retrouvés devant maman, l'air a crissé comme des Rice Krispies car des centaines de sentiments sont apparus et ont claqué comme des bulles dans l'espace qui nous séparait. J'attendais qu'elle me prenne dans ses bras ou qu'elle m'embrasse sur le haut de la tête ou qu'elle remarque mon tee-shirt de Spiderman, mais elle s'est contentée de sourire et de fixer le sol.

J'ai dit *Salut.* Elle a répondu *Salut.* Jas a marmonné *Salut.* Je me suis penché en avant et j'ai ouvert mes bras, mais maman n'a pas bougé. J'étais allé trop loin pour rattraper le coup alors il a fallu que j'aille au bout de mon geste. Je me suis avancé vers maman et je l'ai entourée de mes bras, choqué de réaliser que j'atteignais presque ses épaules alors qu'avant je lui arrivais à la poitrine. Je me suis dit *Elle a rétréci*, ce qui était vraiment idiot, mais c'est exactement ce que j'ai ressenti. On s'est touchés pendant moins de deux secondes. J'aurais voulu qu'elle me prenne vraiment dans ses bras, que ce soit parfait, mais c'était froid et dur et ça m'a fait penser à des morceaux de puzzle qui ne s'emboîtent pas, même si on appuie de toutes ses forces.

Maman a reculé en disant *Ta chanson était formidable*. Ses mots semblaient vides, comme s'ils avaient été écrits avec un stylo très fin sur une immense feuille de papier et qu'il y avait trop d'espace entre les lettres. *Tu as tellement de talent*. J'ai dit *Merci* au moment où maman disait *Quelle voix*. En fait elle parlait à Jas, et non pas à moi. J'ai rougi.

Il y a eu un silence.

J'avais envie de raconter mon but à maman et aussi tous les tours qu'on avait joués à Halloween et aussi le poulet carbonisé du dîner de grillades de papa. J'avais envie de lui parler de Mme Farmer et des zizis dans l'étable de Daniel et du fait que j'avais rencontré une amie qui était la fille la plus super de la planète après ma sœur. Si maman m'avait posé une question ou même si elle avait juste regardé dans ma direction, tout serait sorti d'un coup. Mais elle se contentait de fixer le sol.

Finalement, papa a dit *Allons-nous-en*. Pendant qu'on sortait du théâtre, il a fait une chose qu'il n'avait encore jamais faite. Il a posé sa main sur mon épaule et il l'a serrée.

Le trottoir était verglacé et les flocons de neige semblaient orange quand ils passaient devant les réverbères. Quelqu'un a klaxonné et Leo est passé devant nous, des cheveux verts derrière un volant noir qui filait sur la route. Maman a demandé *Qui est-ce* et Jas a haussé les épaules. C'était trop dur à expliquer. Maman avait raté trop de trucs. Mais elle rattraperait. Je l'aiderais. On avait tout le temps du monde.

Papa a sorti les clés de la voiture de sa poche. Il les a fait tinter dans sa main. Il a demandé à Jas *Prête.* Il a demandé *Jamie* et j'ai souri. On arrivait au moment que j'attendais le plus.

J'étais justement en train de me demander si maman allait appeler Nigel pour lui dire que c'était fini et le traiter de salaud quand elle a dit *Je suppose qu'on va se revoir bientôt.* J'ai cru qu'elle voulait dire *À la maison* parce qu'elle devait prendre sa voiture, alors j'ai dit *Je viens avec toi.* Les épaules de Jas se sont levées jusqu'à ses oreilles comme si elle venait de voir un chien courir sur la route et qu'elle ne pouvait rien faire pour l'empêcher d'être blessé. Papa a pâli et il a fermé les yeux. Maman s'est frotté le nez. Je n'ai pas compris pourquoi tout le monde faisait des trucs bizarres. J'ai dit *Je te montrerai le chemin* et elle a demandé *Le chemin pour aller à Londres* et là j'ai compris.

J'ai dit *Je blaguais* et je me suis forcé à rire mais chaque *Ha* me brûlait la gorge. Maman a sorti des gants de son sac et les a enfilés sur ses mains roses. Elle a dit *Bon, eh bien, au revoir. C'était très agréable de vous avoir vus. Vous vous débrouillez comme des chefs, tous les trois.* Papa a éternué. Maman a fait la grimace. Un bus a roulé dans une flaque de neige fondue et a trempé les jambes nues de Jas.

Maman a dit *Tiens* en extirpant un mouchoir en papier de son sac. Elle l'a donné à Jas qui l'a regardé d'un air absent. Maman a dit *Essuie tes jambes.* Tout d'un coup, elle avait une voix normale. Impatiente. Un peu vive. C'était le plus beau son du monde. Jas a fait ce qu'elle demandait. Pendant que Jas s'essuyait les tibias, maman a dit *Tu es ravissante.* J'ai bombé le torse pour que le tissu rouge et bleu se trouve sous le nez de maman. Elle n'y a même pas jeté un regard. *Tu ressembles tellement à ta sœur.*

Papa a vite dit *Allons-y. La neige s'épaissit.* Maman a hoché la tête. Elle a dit *À bientôt,* mais elle mentait. Elle a touché l'épaule de Jas et elle a tapoté ma tête. *Et bravo.*

Maman s'est éloignée, ses bottes noires éclaboussant la neige, son manteau vert bruissant. Je ne reconnaissais pas ses vêtements. Ils étaient nouveaux. Je me suis demandé quand elle les avait achetés. Peut-être le jour de mon anniversaire. Ou alors l'après-midi du match de foot. Ou peut-être pendant la soirée des parents.

Et, tout d'un coup, j'ai commencé à la poursuivre, esquivant les danseurs et les chanteurs et des centaines de visages heureux rougis par le froid. J'ai crié *MAMAN* aussi haut que le pouvait ma voix. *MAMAN.* Elle s'est retournée. Elle a demandé *Qu'est-ce qu'il y a, mon trésor* et j'ai eu envie de hurler *NE M'APPELLE PAS COMME ÇA,* mais j'avais des choses plus importantes à dire.

On était plantés devant un restaurant italien et je sentais l'odeur des pizzas et j'aurais dû avoir faim mais mon estomac faisait trop mal pour de la nourriture. J'entendais les rires des gens, les serveurs papoter et les verres tinter comme ils le font quand on dit *À ta santé.* Le restaurant rayonnait à cause des bougies et j'aurais tellement aimé être assis là-bas, loin de cette rue froide et grise.

Maman a répété *Qu'est-ce qu'il y a.* Je ne voulais pas poser la question. J'avais peur de la réponse. Mais j'ai pensé à Jas et aux mots du refrain et je me suis forcé à être courageux. J'ai haleté *Est-ce que tu travailles demain.* Elle a eu l'air surprise. Elle a serré son manteau autour d'elle. Elle a dit *Pourquoi* comme si elle avait peur que je lui demande de rester plus longtemps. J'ai soufflé *J'ai juste envie de savoir.* Elle a secoué la tête. *Non. Ça fait des mois que j'ai arrêté d'enseigner.*

Tout a commencé à tourner. J'ai pensé à un globe sur un support métallique, une main qui le tournait et le tournait encore. J'ai dit *Alors tu ne travailles pas pour M. Walker,* pour lui donner une chance de changer sa réponse. Un tout dernier espoir faisait battre mon cœur d'une manière que je détestais. Maman a de nouveau secoué la tête. Elle a dit *Non. Je n'ai plus de travail. J'étais partie. J'ai voyagé. Nigel avait des recherches à faire pour son livre, je l'ai accompagné en Égypte. Je ne suis rentrée qu'au nouvel an.* Eh bien, ça expliquait au moins le bronzage.

Maman a de nouveau ouvert son sac. Elle en a sorti quatre enveloppes, deux portant l'écriture de Jas et deux portant la mienne. Elle a dit doucement *Je ne les ai pas reçues à temps,* comme si elle s'excusait, comme si elle voulait que je lui dise que ce n'était pas grave qu'elle ait manqué la soirée des parents et vraiment aucun problème qu'elle ait manqué Noël. Elle a dit *Je serais venue.* Je ne sais pas si elle disait la vérité.

J'avais encore une question et celle-là était encore plus difficile à formuler. Le monde a tourné encore plus vite, les voitures, les gens, les immeubles formaient une masse vertigineuse autour de maman et moi. J'ai commencé *Le tee-shirt,* les yeux fixés sur une flaque du trottoir. *Ah oui,* a dit maman. *Je voulais le dire.* Elle a souri. *Il est génial.* Et je lui ai souri en retour, malgré tout. Elle a frotté le tissu entre son pouce et son index. *C'est un très joli tee-shirt. Où est-ce que tu l'as acheté. Il te va vraiment très bien, James.*

20

Je n'ai même pas parlé quand nous sommes arrivés à la maison et que papa m'a demandé si je voulais un chocolat chaud. Je ne sais pas pourquoi, mais j'avais pensé à des tremblements de terre pendant tout le trajet et, quand je suis arrivé dans le vestibule, tout ce que je pouvais voir c'était un sol qui bougeait et des immeubles qui tombaient dans un endroit très éloigné comme la Chine. Je me suis demandé s'ils avaient des tremblements de terre au Bangladesh et si Sunya me le raconterait à l'école. Elle n'était pas venue au «Plus Grand Show pour Jeunes Talents de Grande-Bretagne» alors que je l'avais invitée dans ma carte de Noël, et que j'avais recouvert le *S'il te plaît* de paillettes dorées. Elle doit encore être en colère, donc ce n'est sûrement pas demain qu'elle me parlera de catastrophes naturelles. Jas a demandé doucement *Est-ce que tu veux un chocolat chaud.* J'ai juste hoché la tête et je suis monté chercher Roger. Il n'était pas dans ma chambre. Je me suis assis sur le rebord de fenêtre et j'ai fixé mon reflet dans la vitre. Le tee-shirt de Spiderman était dégoûtant.

Peut-être que maman plaisantait. Ou alors elle avait oublié qu'elle me l'avait envoyé.

Oui. C'était sûrement ça. J'ai hoché la tête et mon reflet a hoché la sienne en retour.

Elle avait oublié.

Maman oublie toujours plein de trucs. Elle va au supermarché et elle oublie ce qu'elle voulait acheter. Elle ne retrouve jamais ses clés non plus, parce qu'elle oublie où elle les a mises. Un jour, elle les a retrouvées dans le congélateur en dessous d'un sac de petits pois surgelés. Ce n'est pas si étonnant qu'elle ait oublié quelque chose qui s'est passé il y a cent trente-deux jours.

Papa est entré avec mon chocolat chaud. De la vapeur s'échappait de la tasse bleue. Il a dit *Tiens* en s'asseyant sur mon lit. Depuis qu'on a emménagé dans cette maison, papa n'est entré dans ma chambre qu'une seule fois et c'était quand il était trop ivre et qu'il cherchait les toilettes.

Je ne savais pas quoi dire, alors j'ai siroté mon chocolat même s'il était trop chaud et qu'il m'a brûlé la langue. Papa a demandé *C'est bon* en désignant ma tasse du menton. Ça ne l'était pas mais j'ai quand même dit *Mmmm.* Il n'avait pas bien mélangé et toute la poudre de chocolat était restée au fond, comme de la boue. Mais c'était chaud et sucré et c'était papa qui l'avait fait alors c'était bon quand même. Il m'a regardé boire, tout content de lui. Il a dit *C'est bon pour les os. Si tu en bois un par jour, tu vas devenir aussi fort que Rooney. Je t'en ferai.* Il rougissait et il se frottait le menton et ça faisait un chouette bruit à cause des moustaches. J'ai dit *D'accord* et, quand il s'est levé, il m'a serré l'épaule pour la deuxième fois de la journée.

Et tout d'un coup il a dit *Lundi matin, je vais aller au chantier* en regardant son pied qui bougeait d'avant en arrière, sans arrêt, sur les paillettes du tapis. *S'ils veulent encore de moi. Cela me fera du bien. Cela me donnera une bonne raison de me lever.* Il s'est éclairci la gorge alors qu'il n'y avait rien dedans. *Une bonne raison de ne pas boire.*

Quand je vaporise mon déodorant, toutes les gouttelettes restent suspendues en l'air pendant des lustres sans disparaître. C'est exactement ce qui s'est passé avec le mot *Boire.* Il est resté là, en l'air, et je n'ai pas pu lever les yeux car je ne voulais pas le voir tournoyer autour de papa. J'ai regardé la poudre au fond de ma tasse comme si c'était la chose la plus intéressante de la Terre. Elle était marron foncé, presque noire, et elle faisait de drôles de formes en séchant. Jas lit son horoscope et certaines personnes lisent dans la paume des mains et d'autres lisent les feuilles de thé pour connaître leur destin. J'ai louché sur les bulles de poudre chocolatée mais elles n'ont rien révélé sur mon avenir. Papa a dit *Tu as fini* et j'ai dit *Oui.* Il a pris ma tasse et est sorti de ma chambre.

Je n'ai pas pu dormir. Je suis resté allongé dans mon lit avec mon mal de ventre, je me suis roulé sur le côté droit et ensuite sur le dos et ensuite sur le côté gauche et ensuite sur le ventre mais je n'étais jamais tranquille. Mon lit était trop chaud et j'ai retourné mon oreiller pour trouver un peu de fraîcheur. Je n'arrêtais pas de me répéter *Elle a oublié qu'elle l'a envoyé. Elle a oublié qu'elle l'a envoyé* mais les doutes étaient revenus et tout était noir et je ne croyais pas aux mots dans ma tête.

Maman avait quitté son travail depuis des mois. Maman ne travaillait plus pour M. Walker, ni pour aucun autre méchant chef. Maman ne devait pas travailler quand je l'ai invitée à la soirée des parents. Et elle n'était même pas en Angleterre quand Jas l'a invitée à Noël.

Elle était en Égypte avec Nigel pendant qu'on était assis dans le salon à l'attendre.

Mais elle était venue au théâtre. Elle avait fait toute la route de Londres à Manchester pour voir notre spectacle. Cela devait bien vouloir dire quelque chose.

Je me sentais tout tremblotant, j'avais le vertige. Je ne savais plus que croire. Toutes les choses qui étaient solides et sûres et grandes et vraies s'étaient effondrées. Comme des immeubles pendant un tremblement de terre. Parce qu'il n'y en avait pas qu'en Chine et au Bangladesh. Il y en avait aussi un dans ma chambre à coucher, qui renversait tout et qui changeait ma vie pour toujours.

Grand-mère dit *Fais attention à ce que tu souhaites parce que cela pourrait bien se réaliser* et j'ai toujours pensé que c'était débile. Jusqu'à aujourd'hui. *Appelez ce numéro pour changer de vie.* J'aurais voulu n'avoir jamais décroché le téléphone.

*

Quand j'ai ouvert les yeux, le soleil se déversait par la fenêtre. J'ai cligné des yeux douze fois pour m'habituer à la lumière. J'ai bâillé et ça m'a fait mal à la tête et j'ai eu l'impression que mes yeux étaient blessés. Je n'avais pas très bien dormi. Je suis sorti de mon lit et je m'attendais à sentir Roger frotter sa fourrure contre mes tibias et enrouler sa queue autour de mes chevilles, mais il n'était pas là. Je ne l'avais pas vu depuis que j'étais rentré du concours. J'ai regardé par la fenêtre. Le jardin était presque trop lumineux pour mes yeux avec le soleil qui se reflétait dans la neige. J'apercevais tout juste l'arbre et la mare et les buissons. Mais pas de Roger.

J'ai couru à la cuisine. J'ai regardé la gamelle de Roger. Sa nourriture était encore là, il n'y avait pas touché. J'ai filé dans le salon. J'ai regardé derrière le canapé. J'ai cherché derrière les chaises. J'ai grimpé les marches de l'escalier. Des drôles d'odeurs chimiques s'échappaient de la porte de Jas. J'ai tourné la poignée et je suis entré. Elle a hurlé *Sors de ma chambre. Je suis nue.* C'était sans doute un mensonge mais j'ai fermé les yeux. J'ai demandé *Est-ce que tu as vu Roger.* Elle a répondu *Pas depuis hier matin. Tu l'as chassé du salon quand on répétait notre numéro.* Si la culpabilité était un animal alors ce serait une pieuvre. Toute visqueuse et ondulante, avec des centaines de bras qui s'enroulent autour de vos viscères et qui les écrasent.

Je suis entré dans la chambre de papa. Il dormait sur le dos avec la bouche ouverte, ronflant à plein tube. Je l'ai secoué. Il a grogné *Quoi* en recouvrant son visage avec son bras et en passant sa langue sur ses lèvres desséchées. Elles étaient couvertes de quelque chose de marron qui ressemblait à du chocolat chaud et il ne sentait pas trop l'alcool. J'ai demandé *Est-ce que tu as vu Roger* et papa a dit *Je l'ai laissé sortir hier avant de partir pour Manchester* et ensuite il s'est rendormi.

J'ai enfilé mes bottes et un manteau et je suis sorti.

J'ai cherché dans le jardin, derrière la maison. J'ai crié son nom. Rien ne bougeait. J'ai poussé des petits cris comme une souris et j'ai couiné comme un lapin pour qu'il arrête de bouder et qu'il commence à chasser. Il n'est pas sorti de sa cachette. J'ai regardé en haut de l'arbre pour m'assurer qu'il n'était pas coincé sur une branche et j'ai cherché des traces de pattes de chat mais la neige était fraîche et je n'ai trouvé aucune empreinte. La mare avait fondu et mon poisson nageait et j'ai dit *Bonjour, toi* avant de quitter le jardin.

Roger n'est pas un chat capricieux et ça m'étonnait vraiment qu'il soit aussi grognon. J'ai marché dans la rue et ma tête avait chaud à cause du soleil mais mes pieds avaient froid à cause de la neige. Chaque fois que quelque chose bougeait, j'espérais voir le visage orange de Roger. D'abord ça a été un oiseau, ensuite un mouton et enfin un chien gris qui traversait l'allée en courant avec un ruban de Noël rouge noué autour du cou. Je l'ai un peu caressé et j'ai dit *Belle bête* à son propriétaire. Le vieux monsieur qui fumait la pipe et portait une casquette plate sur la tête m'a répondu *Il est un peu trop énergique pour moi, bonhomme.* Ses cheveux étaient exactement de la même couleur que le pelage de son chien, il avait un visage aimable et des yeux bruns avec des paupières lourdes qui lui donnaient un air endormi. J'ai demandé *Est-ce que vous avez vu un chat.* Le monsieur a froncé les sourcils : *Un chat roux.* J'ai répondu *Ouais* en riant parce que le chien avait sauté et posé ses pattes glacées sur mon ventre. Le monsieur a marmonné *Ça suffit, Fred.* Fred a remué la queue sans l'écouter. Le monsieur a répété *Un chat roux* et je n'ai pas compris pourquoi il avait pâli ni pourquoi sa main tremblait quand il m'a répondu *Par là.*

J'ai répondu *Merci* d'un ton soulagé. J'ai repoussé Fred. Il a léché mes mains en secouant tout son corps. Le vieux monsieur a dit *Je suis désolé. Je suis tellement désolé.*

Et c'est là que j'ai su.

C'est là que j'ai su que Roger ne se cachait pas. C'est là que j'ai su que ce n'était pas juste un mouvement d'humeur. J'ai secoué la tête. J'ai dit *Non. Non.* Le vieux monsieur a mordillé le bout de sa pipe. *Je suis tellement désolé, bonhomme. Je crois que ton chat...*

J'ai rugi *NON* et j'ai poussé le vieux monsieur de mon chemin. *NON.* J'ai couru de toutes mes forces dans la rue, effrayé à l'idée de ce que je pourrais voir, mais je voulais à tout prix trouver Roger pour montrer au vieux monsieur qu'il avait tort, que Roger allait bien, que mon chat était juste...

Oh.

Au milieu de toute cette neige blanche, il y avait une tache orange vif. Petite. Étalée sur la route. À cinquante mètres de moi. Je me suis dit *Ce n'est pas lui* mais mon sang s'était gelé comme cette sorcière dans *Narnia* qui fait l'hiver mais pas Noël. Le soleil brillait sur ma tête mais je ne le sentais pas. Je ne voulais pas faire un pas de plus, mais mes pieds n'écoutaient pas mon cerveau et ils avançaient vite, beaucoup trop vite le long de la route. C'était peut-être un renard. Plus que trente mètres. S'il vous plaît, faites que ce soit un renard. Vingt mètres. C'était un chat. Dix mètres. Il était couvert de sang.

J'ai regardé Roger. Sa queue à paillettes étincelait au soleil. J'ai attendu qu'il bouge. J'ai attendu pendant cinq minutes entières que lui, que quelque chose, n'importe quoi, bouge. Mais Roger ne bougeait pas. Ses pattes avaient l'air beaucoup trop raides et ses oreilles avaient l'air trop pointues et ses yeux étaient deux billes d'un vert vitreux.

Je hais les choses mortes. Elles me font peur. La souris de Roger. Le lapin de Roger. J'ai pris une profonde inspiration mais ça n'a servi à rien. La pieuvre tenait mes poumons et les écrasait de toutes ses forces. Il n'y avait pas assez d'air. Il n'y aurait jamais suffisamment d'air. J'ai commencé à haleter.

J'ai pensé à la dernière fois que j'avais vu Roger. Il ronronnait dans mes bras mais moi, je l'ai déposé sur le tapis du couloir. Je lui ai fermé la porte au nez alors qu'il voulait juste que je le caresse. J'ai ignoré ses miaulements à la porte et je n'ai même pas dit au revoir quand on est partis pour le concours. Je n'ai pas dit au revoir. Et maintenant c'était trop tard.

La neige était rouge en dessous de Roger. Une rafale de vent subite l'a ébouriffé et il a eu l'air d'avoir froid alors j'ai approché sur la pointe des pieds. Mes dents cliquetaient dans ma tête. Mes épaules montaient et redescendaient quand j'essayais d'aspirer de l'air dans ma poitrine. Je n'étais plus qu'à deux mètres. Je me suis laissé tomber sur mes genoux et j'ai avancé à quatre pattes. Doucement. Doucement. Mon cœur s'écrasait contre mes côtes.

Le côté de Roger était ouvert. Ça semblait profond et gluant. Ses pattes avant étaient tournées d'une manière étrange. Cassées. Net. J'ai pensé à la manière dont Roger partait en chasse dans les buissons et à la manière dont Roger traversait le jardin en courant et à la manière dont Roger sautait de mes bras et atterrissait sur des jambes fortes qui fonctionnaient encore parfaitement. Je ne pouvais pas supporter l'idée qu'il soit tout cassé et coupé et tout froid. Il fallait que je le répare.

J'ai tendu mes doigts. J'ai avancé mon bras. Le bout de mes doigts a effleuré sa fourrure mais ma main a fait un bond en arrière, comme si j'avais touché quelque chose de brûlant. Je haletais tellement que j'ai eu l'impression de m'évanouir. J'ai fait une deuxième tentative. Et une autre et une autre et une autre. J'ai pensé au lapin que j'avais soulevé avec des bâtons et à la souris que j'avais transportée sur une feuille de papier et, bizarrement, j'ai pensé à Rose. Rose qui avait explosé en mille morceaux. Ma gorge brûlait à m'en faire mal. J'ai essayé d'avaler mais la salive ne passait pas.

J'ai réussi à le toucher à la sixième tentative. Mon bras tremblait et ma paume était en sueur mais j'ai posé ma main sur le dos de Roger et je l'ai laissée là. Ce n'était pas comme d'habitude. Je me suis souvenu de toutes les fois où j'avais posé ma main sur sa fourrure et où j'avais senti sa peau chaude et son cœur qui battait et ses côtes qui vibraient sous ses ronronnements. Ils ne bougeaient plus, maintenant. Il n'y avait plus de vie dans ses moustaches. Pas de vie dans ses yeux. Plus de vie dans sa queue. Je me suis demandé où était passé tout ça.

La brûlure de ma gorge s'est étendue à mes joues. En moins d'une milliseconde, elles sont passées de glaciales à bouillantes. J'ai caressé la tête de Roger. Je lui ai dit que je l'aimais. J'ai dit que j'étais désolé. Il n'a pas miaulé. J'ai vu des traces de pneus dans la neige. Profondes, courtes et diagonales, là où quelqu'un avait freiné d'un coup sec avant de glisser sur la neige.

Toute la douleur s'est transformée en colère. J'ai poussé un cri de rage en sautant sur mes pieds et j'ai donné des coups de pied dans les traces de pneus. Je les ai écrabouillées. J'ai craché dessus. J'ai pris la neige dans mes doigts chauds et je l'ai jetée dans le ciel. Je suis retombé à genoux et j'ai frappé les traces de pneus aussi fort que je le pouvais et mes poings ont touché la route et la douleur m'a fait du bien. La peau de mes jointures a craqué. J'ai continué à frapper la route.

Si je n'étais pas allé au Show pour Jeunes Talents, Roger serait encore en vie. Hier soir, j'aurais remarqué qu'il n'était pas à la maison et je serais parti le chercher et il serait venu me rejoindre en trottinant et il aurait frotté son corps à mes bottes et sa fourrure aurait reflété la lumière de la lune. Mais j'avais été trop occupé à me faire du souci à cause de maman pour m'inquiéter de Roger.

J'ai arrêté de taper par terre. Je me suis levé et mes genoux tremblaient. Je me suis approché de Roger et, cette fois, je n'ai pas eu peur de son corps mort. Je voulais le tenir dans mes bras. Je ne voulais pas le laisser partir. Je voulais lui donner des milliers de caresses. Des millions de câlins. Lui dire toutes les choses que j'aurais dû lui dire quand il pouvait encore entendre ma voix. Je l'ai ramassé tout doucement, comme s'il était une de ces boîtes sur lesquelles il y a écrit SACRÉ. Sa tête est retombée sur son cou mais je l'ai posée sur mon épaule. J'ai attiré son corps tout près du mien et j'ai caressé sa fourrure. J'ai frotté sa tête et je l'ai balancé doucement, comme les femmes font avec les bébés.

Mon chat me manquait. Il me manquait tellement que ce qui brûlait ma gorge et puis mes joues s'est étendu jusqu'à mes yeux qui ont commencé à brûler, eux aussi. Ils ont commencé à se mouiller. Non. Pas mouiller. Pleurer.

J'ai pleuré. Pour la première fois depuis cinq ans. Mes larmes argentées ont coulé dans la fourrure orange de Roger.

21

Il était si froid, c'était affreux. Roger était resté dehors trop longtemps. J'ai ouvert mon blouson, je l'ai coincé contre mon tee-shirt de Spiderman et j'ai remonté la fermeture Éclair pour le protéger de la brise et de la neige qui avait recommencé à tomber. Sa tête sortait du haut de mon blouson et je l'ai embrassée doucement. Ses moustaches ont chatouillé mes lèvres.

Je l'ai porté jusqu'à la maison. J'ai contourné tous les endroits où il y avait du verglas, sur la route, pour ne pas glisser. Je ne voyais pas la maison à travers mes larmes mais j'ai remonté l'allée et je me suis dirigé droit vers le jardin de derrière. Pendant tout ce temps, j'ai parlé à Roger. Je lui ai raconté le concours, je lui ai dit que Jas avait été extraordinaire et que, pour la première fois, j'avais compris les paroles de la chanson et qu'elles m'avaient peut-être changé. Je lui ai dit que je voulais que maman soit fière de moi et que c'était pour ça, c'était pour ça que je l'avais chassé du salon. Je lui ai expliqué que j'avais fermé la porte parce que je m'entraînais et que je voulais impressionner maman parce que j'étais stupide et que je n'avais pas réalisé que c'était vain avant qu'il ne soit trop tard.

J'ai chuchoté *Maman est une menteuse, elle m'a abandonné et rien de ce que je fais ne la décidera jamais à m'aider.* J'avais envie que Roger ronronne ou qu'il miaule pour être sûr qu'il me pardonne. Mais il est resté silencieux.

Une fois arrivé près de la mare, je ne savais pas quoi faire de mon chat. Je ne voulais pas l'enterrer. J'ai pensé à son corps sous la terre, en train de se décomposer et ça m'a presque rendu malade. Je lui ai fait un gros câlin, je voulais tellement qu'il reste exactement comme il était, serré contre ma poitrine avec tout ce sang qui coulait sur mon tee-shirt.

Mais je savais qu'il fallait que je fasse quelque chose. Roger méritait un vrai enterrement. J'ai pensé à ma sœur, sur la cheminée. Ce serait chouette que mon chat soit sur la cheminée, lui aussi. J'ai imaginé une urne orange dans laquelle se trouveraient les cendres de Roger. Comme ça, je pourrais toujours lui parler, le caresser et le prendre dans mes bras si je voulais. Et, tout d'un coup, j'ai compris. Tout d'un coup, c'était clair. Pourquoi Rose était dans cette urne, sur la cheminée. Pourquoi papa trouvait ça tellement dur de la répandre dans la mer. Pourquoi il lui donnait du gâteau quand il y avait des anniversaires, pourquoi il fermait sa ceinture de sécurité et pourquoi il accrochait une chaussette près de l'urne, à Noël. C'était trop dur de lâcher. Il l'aimait trop pour lui dire au revoir.

Je suis tombé à genoux, j'ai plongé mon visage dans la fourrure de Roger et j'ai pleuré jusqu'à ce que je ne puisse plus respirer. Mon nez coulait, ma tête me lançait et mon visage était tout enflé mais je ne pouvais pas m'arrêter. J'ai entendu une fenêtre s'ouvrir dans mon dos. J'ai entendu papa crier *Jamie, rentre à la maison. Il gèle, dehors.* Je n'ai pas bougé.

Si je ne pouvais plus avoir Roger, je voulais au moins avoir ses cendres. J'ai trouvé deux branches, j'en ai calé une entre mes pieds et je me suis servi de ma main droite pour frotter la seconde contre celle-ci. Je faisais des câlins à Roger avec mon bras gauche, je chantonnais à son oreille pour qu'il ne puisse pas entendre le frottement des bâtons et prendre peur. Mais ça ne marchait pas. Il faisait trop froid pour que les bâtons prennent feu.

J'ai entendu la porte de derrière et je me suis retourné. Papa. Il a répété *Il gèle,* mais ensuite il s'est arrêté. *Roger.*

Papa m'a relevé et m'a fait le premier câlin dont je puisse me souvenir. Un câlin fort, serré et rassurant, et j'ai enfoui ma tête dans sa poitrine. Mes épaules tressautaient, mon souffle sortait par à-coups et mes larmes mouillaient son tee-shirt. Il ne m'a pas dit *Chuuut,* ni *Calme-toi,* ni *Qu'est-ce qui ne va pas.* Il savait que ça faisait trop mal de le dire à voix haute.

Quand les larmes ont cessé de couler, papa m'a tapoté le dos et a ouvert mon blouson. Je ne l'en ai pas empêché. Il m'a pris Roger des bras, tout doucement, tout doucement, et il l'a posé par terre. Il a touché les paupières de Roger et il les a fermées, délicatement. Les billes ont disparu. Roger semblait profondément endormi.

Il a dit *Attends-moi ici.* Ses yeux étaient tristes mais sa bouche était déterminée. Il a disparu dans la maison. Une minute plus tard, il est revenu avec une pelle et un objet qu'il a mis dans sa poche. J'ai commencé à dire *Incinère-le,* mais papa a dit *On ne peut pas faire de feu dans la neige.* J'ai essayé de soulever Roger pour l'emmener. Je ne voulais pas que mon chat soit enterré sous la terre. Papa a pris mon bras et il m'a dit *Il est parti.* Il a hoché la tête, il était en train de se convaincre de quelque chose. Ses yeux se sont remplis de larmes mais il a pris une profonde inspiration et il a cligné des yeux pour les faire disparaître. Il a hoché la tête encore une fois, comme s'il avait pris une grande décision, et il a commencé à creuser. Il a dit *Ce qu'il y avait là a disparu.* Sa voix était tendue par une tristesse que je crois avoir comprise.

Ça a duré longtemps. Le sol était dur. Pendant tout le temps où papa travaillait, je caressais la tête de Roger en lui répétant sans arrêt que je l'aimais. De nouvelles larmes ont empli mes yeux et ont coulé sur mes joues. Je ne voulais pas que le trou soit suffisamment profond. Je ne voulais pas que papa ait fini. Je n'étais pas prêt à dire au revoir. Jas est arrivée. Je ne l'ai pas entendue. Tout d'un coup elle était là, accroupie à côté de moi et pleurant doucement en caressant la fourrure ensanglantée de Roger. Ses cheveux étaient de nouveau rose vif. Elle les avait reteints.

Papa s'est arrêté trop vite. Il a dit *Ça y est.* Il m'a demandé *Tu es prêt.* J'ai secoué la tête. Papa a chuchoté *On va le faire ensemble* et il a sorti le petit objet de sa poche. L'urne dorée. *On va le faire ensemble.*

Parfois, Mme Farmer dit *Il fait trop froid pour pleuvoir* et c'est exactement à ça que ressemblait le visage de papa. Trop triste pour des larmes. Il s'est approché de la mare. Jas s'est levée et a croisé les bras comme pour se faire un câlin à elle-même. J'ai soulevé Roger. Papa a ouvert l'urne. Le soleil brillait encore plus fort qu'avant. La lumière se reflétait dans l'urne dorée qui scintillait.

J'ai avancé jusqu'au trou. Papa a versé un peu de Rose dans sa main. Non. Pas Rose. Rose était partie. Papa a renversé quelques cendres dans sa main. J'ai posé Roger dans la tombe. Papa a pris une profonde inspiration. J'en ai pris une encore plus profonde.

Tout a été silencieux pendant quelques secondes. Un oiseau a chanté et une brise a secoué les arbres sans feuilles. Papa a lâché les cendres. Il n'a pas dit au revoir. Cette fois-ci, il n'en avait pas besoin. Rose était partie depuis longtemps.

Les premières cendres ont volé dans la mare en se mélangeant à la neige qui tombait du ciel. Elles ont atterri à la surface de l'eau et ont coulé. Je voyais mon poisson qui nageait à côté du nénuphar. J'ai attrapé la pelle et j'ai soulevé un peu de terre. Mes mains étaient toutes moites, sur le manche métallique. J'ai tendu la pelle au-dessus du trou mais je n'ai pas pu la retourner. Je ne pouvais pas verser de la boue sur mon chat. Je me suis dit *Roger est parti. Il est parti. Ce n'est pas lui. Ce qu'il y avait là a disparu.* Ça ne m'a pas aidé du tout. Tout ce que je voyais, c'était le museau noir de Roger, ses moustaches argentées et sa longue queue, et je voulais qu'il sorte de cette tombe. Je n'étais pas prêt à ce qu'il soit mort, pas maintenant.

Papa a de nouveau renversé l'urne. D'autres cendres sont tombées dans sa main. Il a serré les dents et a retourné sa main. Les cendres de Rose sont tombées dans la mare. Si papa était capable de faire ça, je devais pouvoir le faire, moi aussi. J'ai laissé couler la boue dans la tombe.

Je ne pouvais pas regarder Roger. Je ne pouvais pas regarder son corps disparaître sous de la saleté. J'ai chuchoté *Je t'aime* et *Tu seras toujours mon meilleur animal* et *Tu vas me manquer* et ensuite j'ai poussé de la terre dans la tombe, le plus vite possible. Je ne voulais pas voir ce que papa faisait. Je savais que si je m'arrêtais, ne serait-ce que pour une milliseconde, je ne serais pas capable de continuer.

J'ai tapoté le dessus de la tombe pour la rendre toute propre et plate. Ensuite, j'ai jeté la pelle comme si elle était pleine de microbes ou quelque chose comme ça. Je n'arrivais pas à croire ce que je venais de faire. Je me dégoûtais moi-même, le monde entier me dégoûtait, j'étais malade dans mon ventre, dans mon cœur et dans ma tête. Jas a passé un bras autour de mes épaules et m'a serré pendant que je pleurais. Roger était parti. Je ne le reverrais plus jamais. C'était trop effrayant de penser ça, alors j'ai essuyé les larmes de mes yeux et je me suis obligé à regarder papa. Il était toujours à côté de la mare, il continuait à déverser les cendres de Rose dans l'eau. Petit à petit.

Je suis allé le rejoindre en tirant Jas par la main. On s'est mis chacun d'un côté de papa et on a regardé les cendres tomber. Mon poisson nageait au beau milieu d'un joli motif, sa queue battait joyeusement et quelques cendres ont atterri sur sa peau dorée et sont restées accrochées à ses écailles luisantes.

Il ne restait plus qu'une poignée de cendres, maintenant. Les derniers grains sont tombés dans la paume de papa. Il a soulevé l'urne et a regardé dedans, choqué qu'il ne reste plus rien. Ses mains tremblaient.

Tout d'un coup, j'ai dit *Non. Ne le fais pas.* Les doigts de papa s'étaient refermés sur les dernières cendres. Il a dit *Quoi* en respirant lourdement, le visage encore plus blanc que la neige qui nous entourait. J'ai répété *Ne le fais pas. Garde celles-là.* Papa a secoué la tête. Il a articulé *Rose est partie.* Il a levé la main qui tenait les cendres. *Ce n'est pas elle.* J'ai arrêté de pleurer. J'ai dit *Je sais. Mais c'était elle. Ces cendres faisaient partie de son corps. Tu devrais les garder. Juste quelques-unes.* Papa m'a regardé et je l'ai regardé moi aussi, et quelque chose de grand est passé entre nos regards. Il a laissé retomber les dernières cendres dans l'urne.

On gelait alors on est rentrés dans la maison. Papa a disparu en haut pendant deux minutes et Jas a préparé trois tasses de thé. On les a bues dans le salon, sans parler. La cheminée avait l'air vide, sans l'urne. J'ai compris que papa avait dû la mettre dans sa chambre. Cachée, mais accessible s'il en avait besoin, et il en aura sûrement besoin quand il sera vraiment triste, comme par exemple des jours comme le 9 septembre. Je n'oublierai jamais, de toute ma vie, que Roger est mort le 6 janvier. Même si j'ai des milliards d'animaux après lui. Aucun d'entre eux ne sera jamais aussi génial que mon chat.

Une fois qu'on a eu fini de boire le thé, on s'est regardés. Quelque chose d'important nous était arrivé ce matin-là. Tout était différent. Et même si j'avais mal au ventre et mal au cœur et mal à la gorge et que les larmes continuaient de couler, je savais que ce changement n'étais pas si mauvais. Il s'était aussi passé quelque chose de bien.

Jas ne mangeait toujours pas. Papa buvait toujours. Mais on est restés ensemble toute la journée. Dans le salon. On n'a pas vraiment parlé, mais on n'avait pas envie non plus d'aller s'enfermer dans nos chambres. On a regardé un film. Jas m'a demandé si je voulais regarder *Spiderman* mais j'ai dit *Non* et on a regardé une comédie, à la place. On n'a pas rigolé mais on a souri aux meilleurs moments. Et papa a dit à Jas *J'aime bien tes cheveux* et quand elle a dit *Merci* il a répondu *Tu devrais les laisser comme ça.* Et quand il a été l'heure d'aller se coucher et que les étoiles ont brillé dans le ciel comme des centaines d'yeux de chat sur une route sombre, papa m'a fait le deuxième câlin de ma vie. Un câlin fort et serré et rassurant comme le premier. Et alors que j'étais allongé sous ma couette à me dire que Roger me manquait et que j'aurais préféré qu'il soit allongé sur le rebord de ma fenêtre plutôt qu'allongé sous la terre, papa est entré dans ma chambre avec un chocolat chaud. Il l'a mis dans mes mains et la vapeur était agréable sur mon visage. Cette fois, il avait bien mélangé la poudre au lait.

22

L'école recommençait le lendemain. Dès que j'ai sauté de mon lit, je me suis attendu à sentir Roger se frotter contre mes tibias, ou à ce qu'il saute sur mes genoux pendant que je mangeais mes Coco Pops, ou qu'il enroule sa queue autour de mes chevilles pendant que je me brossais les dents. La maison me semblait vide sans lui. Je me sentais vide sans lui.

Papa s'est levé assez tôt pour nous emmener à l'école. Il avait un peu la gueule de bois mais ce n'était pas grave du tout. Papa n'est pas parfait. Et moi non plus. Il fait de son mieux, et c'est ça qui compte vraiment. Il n'a pas toujours bien fait mais il a fait un million de fois mieux que maman. Il ne nous a pas abandonnés. Il est juste triste à cause de Rose et c'est normal. C'est déjà assez dur qu'on tue votre chat. Ça doit être atroce qu'on fasse exploser votre fille en mille morceaux.

Quand on s'est rangés devant l'école, papa a vu Sunya sur le trottoir. J'ai vu son visage dans le rétroviseur. Il a serré les mâchoires mais il n'a pas crié *Les musulmans ont tué ma fille* ni rien de ce genre. Il ne m'a même pas demandé de ne pas la fréquenter. Il a seulement dit qu'il ne serait pas rentré avant dix-huit heures à cause du travail. Jas a serré son bras et papa a souri fièrement et ensuite il a dit *Passe une bonne journée. Tu as un excellent bulletin alors essaie de le garder.*

Je suis entré dans l'école. Je portais toujours le tee-shirt de Spiderman mais pas pour maman, parce que ce n'est pas elle qui l'a envoyé. Le sang de Roger en avait imbibé le tissu, je ne voulais pas l'enlever. Je savais que je devais ressembler à un assassin mais ça m'était égal. Je voulais être près de mon chat.

Dans le couloir, Daniel a crié *Tiens, voilà le crétin.* Il se tenait devant la classe avec Ryan. J'avais peur mais je n'ai pas rougi, je n'ai pas commencé à trembler et je ne suis pas parti en courant. Je me suis approché d'eux. *Regarde-moi cette pédale dans son pauvre tee-shirt de Spiderman.* Ils ont ricané et ils se sont fait un tope-là en l'air. Je suis passé en dessous. Daniel a tapé l'arrière de ma jambe, ça m'a fait mal et j'ai eu envie de lui mettre mon poing dans la figure, mais je ne voulais pas qu'il me casse encore une fois la gueule. Daniel a fait un sourire en coin, comme s'il avait gagné, et j'ai pensé à ce joueur de tennis qui termine toujours deuxième à Wimbledon, et je ne sais pas pourquoi mais ça m'a mis en colère. Mon cœur a grogné dans ma poitrine comme un chien furieux.

Daniel a crié *Quel loser celui-là,* assez fort pour que tout le monde puisse l'entendre. Je me suis assis à côté de Sunya et j'ai attendu de voir si elle allait le regarder ou lui répondre. Elle s'est ratatinée sur sa chaise comme si elle essayait de se cacher. Elle ne m'a même pas regardé. J'avais envie de lui demander si elle avait lu ma super carte. J'ai eu envie de lui demander si elle avait vu le bonhomme de neige qui lui ressemblait et le bonhomme de neige qui me ressemblait, et si ça l'avait fait rire. J'avais envie de lui demander pourquoi elle n'était pas venue au concours de jeunes talents et j'avais envie de tout lui raconter, comment Jas avait été géniale et comment j'avais été suffisamment courageux pour chanter et danser sur scène. Mais je me suis souvenu de cette nuit dans son jardin, quand elle m'avait dit *Ma mère pense que tu attires les ennuis.* Alors je n'ai rien fait. J'ai contemplé mes crayons pendant que Mme Farmer faisait l'appel.

D'abord on a eu anglais et on a dû décrire « Mon Noël fabuleux » et essayer de faire des paragraphes. Il ne s'était rien passé de fabuleux mais je n'avais plus envie de mentir. Alors j'ai raconté la vérité. J'ai raconté la chaussette pleine de toutes ces choses que Jas avait achetées pour moi. J'ai décrit les sandwichs au poulet et les frites au micro-ondes et les chocolats qu'on a mangés. J'ai expliqué que le meilleur moment avait été quand on avait chanté les chansons de Noël à tue-tête. Et, à la fin, j'ai écrit *Ce n'était pas vraiment un Noël fabuleux mais c'était bien car j'étais avec Jas.* C'était ma meilleure rédaction jusqu'à maintenant. Quand je l'ai lue, Mme Farmer a dit *C'était une excellente rédaction* et ma coccinelle a sauté sur la première feuille. Nos anges avaient été remplacés pendant les vacances de Noël.

Après le cours d'anglais, on a eu maths et après maths on a eu rassemblement. Le proviseur nous a dit que les inspecteurs de l'Ofsted avaient donné une note à l'établissement et que cette note était Satisfaisant, ce qui voulait dire qu'on était pas mal mais pas géniaux. Il a dit qu'on aurait pu avoir un Bien, mais qu'il y avait eu un incident qui avait attristé l'un des inspecteurs. Mme Farmer a regardé Daniel en secouant la tête. Le menton de Daniel est tombé sur ses genoux. Il y a eu un flash dans ma direction. J'ai levé les yeux. Le regard de Sunya a croisé le mien et, pendant une milliseconde, j'ai cru qu'elle allait ricaner. Mais elle s'est retournée et elle a hoché la tête plusieurs fois, comme si elle écoutait attentivement ce que disait le proviseur sur les bonnes résolutions pour cette nouvelle année. Il a dit *Visez haut, cette année, lancez-vous des défis. Ne prenez pas de résolutions ennuyeuses telles que «je vais arrêter de me ronger les ongles» ou alors «il faut que j'arrête de sucer mon pouce»*. Tout le monde a commencé à rigoler. Le proviseur a souri en attendant que le silence revienne. *Lancez-vous un défi qui vous stimule. Même s'il vous effraie un peu.* J'ai tout de suite su lequel serait le mien.

Je n'ai pas trouvé Sunya pendant la récréation. J'ai attendu sur notre banc et j'ai regardé dans la cour et je suis passé par la porte secrète, mais elle n'était pas dans la remise. Elle avait dû aller se cacher aux toilettes parce qu'elle avait peur de Daniel. Le chien dans ma poitrine s'est mis à grogner plus fort que jamais. On est tous rentrés et on a eu cours d'histoire et de géographie, mais je n'arrivais pas à me concentrer. Je n'arrêtais pas d'essayer de voir dans la trousse de Sunya s'il y avait la bague en Patafix. Moi, je portais la mienne et j'ai cogné la pierre blanche sur la table plusieurs fois pour essayer d'attirer son attention. Sunya n'a pas levé la tête de ses livres.

À l'heure du déjeuner, je ne me suis pas dépêché de sortir, parce que je déteste rester debout tout seul. Roger me manquait trop pour que j'aie envie de mes sandwichs, du coup je suis allé aux toilettes et j'ai joué au jeu dans lequel le séchoir est un monstre qui crache du feu. Je résistais je résistais et j'étais fort et je n'ai même pas crié quand les flammes ont brûlé ma peau et que mes os sont devenus tout noirs.

J'ai entendu une voix, dehors. Pas dans mon jeu, dans la vraie vie. Quelqu'un criait. Méchamment. La voix disait *Face de curry*. J'ai regardé par la fenêtre.

Daniel était en train de suivre Sunya en criant des choses dans son dos pendant qu'elle essayait de s'en aller. Il était accompagné de Ryan et de Maisie et d'Alexandra qui riaient et l'encourageaient. Il a crié *Tu pues* et *Face de curry* et *Pourquoi tu portes ce truc débile sur ta tête.* Il a touché son hijab. En fait, il essayait de l'arracher. C'est là que mon cœur a rugi. Plus fort qu'un chien. Plus fort que le monstre cracheur de feu des toilettes. Même plus fort que le lion argenté dans le ciel.

Le son de mon cœur a vibré dans ma tête et mes mains et mes jambes. Je n'ai même pas réalisé que j'étais en train de courir jusqu'à ce que la porte s'écrase contre le carrelage et que je quitte les toilettes et que j'arrive déjà à mi-chemin du couloir. J'ai bondi dehors et j'ai hurlé *Laisse-la tranquille.* Les gens ont commencé à rigoler. Ça m'était égal. J'ai regardé dans une direction puis dans l'autre. Je cherchais Sunya. Je l'ai repérée au milieu de la cour, les mains posées sur son hijab pour essayer d'empêcher Daniel de montrer sa chevelure secrète à toute l'école.

LAISSE-LA TRANQUILLE.

Daniel s'est retourné d'un bloc. Il m'a vu et ses lèvres se sont étirées pour former un sourire méchant. Il a dit *Viens sauver Face de curry.* Il a relevé ses manches pour se battre. Ryan avait l'air féroce. J'ai pilé et j'ai attendu que ma bouche dise *Ouais, je suis venu la sauver,* ou alors *Pousse-toi de là,* ou quelque chose d'autre de courageux. Mais rien n'est sorti. J'ai attendu que mes jambes avancent pour aller taper Daniel, mais elles étaient paralysées. De plus en plus d'enfants étaient en train de se rassembler autour de nous et tous leurs yeux étaient rivés sur moi.

Daniel a dit *T'es un loser,* et tout le monde a lancé des trucs comme *Ah ouais* et *Quelle tapette.* Et ils avaient raison. J'ai fait un pas en arrière. Je ne voulais pas me faire casser la gueule. Ça m'avait fait trop mal, la dernière fois. Daniel s'est retourné vers Sunya. Il a attrapé le hijab avec ses gros doigts. Sunya a commencé à pleurer. La foule a commencé à scander *Vire-le. Vire-le. Vire-le. Vire-le.*

Ça m'a rappelé quelque chose. La scène. Le public au Show pour Jeunes Talents.

Je n'étais plus dans la cour de récréation. J'étais au théâtre, je regardais Jas. Et ces paroles, les paroles de sa chanson, ont résonné dans mes veines.

J'ai repris conscience de la cour de récréation, avec le son, les couleurs et tout et tout. Sunya sanglotait. Son hijab était à moitié enlevé. La foule hurlait. Daniel riait. Et moi, je le laissais faire.

NON.

J'ai crié aussi fort que je le pouvais. J'ai hurlé. *NON.* Daniel s'est retourné, surpris. J'ai pris mon élan. La mâchoire de Daniel s'est presque déchaussée. Je l'ai attaqué avec la colère que j'avais ressentie au cours de toute ma vie. Ses yeux se sont agrandis de peur. Quand mes jointures ont atteint son nez, il est tombé par terre. Je l'ai tapé encore une fois, encore plus fort, mon poing s'est écrasé contre sa joue. Sunya a levé les yeux et m'a contemplé, ébahie. J'ai tapé Daniel trois fois, et chaque fois que mon pied atteignait ses os, je disais un mot différent. *LAISSE. LA. TRANQUILLE.*

Ryan est parti en courant. La foule a reculé. Ils avaient peur. Daniel était allongé par terre, les mains sur la figure. Il pleurait. J'aurais pu le taper encore. J'aurais pu sauter sur lui, lui donner des coups de coude ou un coup de poing dans le ventre. Mais je n'avais pas envie. Je n'avais pas besoin de le faire. Je venais de remporter mon Wimbledon. La grosse dame de la cantine a soufflé dans son sifflet.

23

Mme Farmer m'a envoyé chez le proviseur mais ça en avait valu la peine et je n'ai manqué qu'un petit bout du cours d'histoire. Quand ça a été l'heure de rentrer à la maison, j'ai pris mon manteau et quatre personnes m'ont dit *Salut*. Elles ne m'avaient jamais parlé auparavant. J'ai dit *Au revoir* et elles m'ont dit *À plus tard* et un garçon m'a demandé *Tu viens à l'entraînement de foot, demain après-midi*. J'ai hoché la tête très vite et j'ai dit *Bien sûr* et il a dit *Cool*. Daniel a tout entendu mais il est resté silencieux. Il n'a même pas osé me regarder. Son nez avait cessé de saigner mais il était tout contusionné. Et ses joues étaient rouges car il avait pleuré tout l'après-midi. Des larmes avaient coulé sur ses fractions et ses réponses étaient illisibles.

Je n'ai répondu qu'à quatre questions en cours de maths. Je me sentais tout léger et pétillant, comme si j'avais de la limonade dans mes veines, et mes pensées faisaient des bulles qui éclataient dans ma tête. Ma jambe n'arrêtait pas de sautiller et elle a frôlé celle de Sunya cinq fois en une heure. Trois fois sans faire exprès. Deux fois exprès. Elle n'a pas dit *Arrête* ou *Ta jambe va m'attirer des ennuis* ou un truc de ce genre. Elle a juste contemplé ses fractions en mordillant le bout de son crayon et j'ai eu l'impression qu'elle essayait de ne pas sourire.

Quand je suis sorti de l'école, le ciel était turquoise et il y avait un énorme soleil doré. Il m'a fait penser à un gigantesque ballon de volley flottant sur une mer bleue parfaite. J'ai espéré que le soleil était suffisamment puissant pour rayonner jusque sous la terre. J'ai espéré que Roger pouvait en sentir la chaleur sur son corps. J'ai espéré qu'il n'était pas effrayé ou esseulé dans sa tombe. À ce moment-là j'ai ressenti une douleur aiguë comme une indigestion, quand on a mangé trop de tranches de pizza dans un de ces endroits où c'est buffet à volonté. Je me suis appuyé contre un mur, j'ai posé ma main sur mon cœur et j'ai attendu que ça passe. Ça s'est transformé en douleur sourde mais ce n'est pas parti.

J'ai entendu un bruit de pas et le tintement du métal. J'ai tourné la tête et j'ai vu Sunya courir vers moi. Elle a dit *T'es parti sans dire au revoir* et elle a posé ses mains sur ses hanches. Le pétillement était de retour, plus joyeux que jamais. Son hijab était d'un jaune lumineux et ses dents étaient d'un blanc éclatant et ses yeux brillaient avec la force d'un million de soleils. Elle a grimpé sur le mur et elle s'est assise à côté de moi et elle a croisé les jambes, et moi, je l'ai juste dévisagée comme si elle était une jolie vue, ou une belle peinture, ou une affiche intéressante sur le mur de la classe. La tache de rousseur sur sa lèvre a sautillé parce qu'elle était sur le point de dire quelque chose. *T'es parti sans me laisser le temps de te dire merci.* J'ai mordu l'intérieur de mes joues pour m'empêcher de sourire. J'ai demandé *Merci*, comme si je n'avais pas la moindre idée de ce dont elle parlait. *Pour quoi.* Elle s'est penchée en avant et elle a posé son menton dans sa main. C'est là que j'ai remarqué le petit cercle bleu qui entourait son majeur.

Si l'envie est rouge et que le doute est noir, alors le bonheur est marron. Mon regard est passé de la petite pierre brune à la minuscule tache de rousseur marron et à ses immenses yeux bruns. Elle a dit *Pour m'avoir sauvée,* pendant que j'essayais d'avoir l'air cool. *Pour avoir cassé la figure de Daniel.* Elle portait la bague en Patafix. Elle portait vraiment la bague en Patafix. Sunya était mon amie. J'ai dit *Ce n'était rien.* Elle a répondu *C'était génial,* et elle a commencé à rire. Et le truc, avec Sunya, c'est que quand elle commence à rire, elle est incapable de s'arrêter et on est obligé de rire aussi. J'ai dit *Ne me remercie pas, Girl M.* J'avais un point de côté et un sourire plus grand qu'une banane. *Remercie Spiderman.* Sunya a posé une main sur mon épaule et elle a arrêté de ricaner. Elle m'a soufflé à l'oreille *Tu étais plus fort que Spiderman.*

Il faisait trop chaud et ça manquait d'air. J'ai regardé la neige fondre par terre et, tout d'un coup, c'était incroyablement intéressant et Très Important de taper dedans avec mon pied, plein de fois. Elle a dit *Je t'accompagne.* Elle s'est mise debout sur le mur et elle a sauté de vraiment haut et elle a atterri à côté de moi. J'ai dit *Ta maman* en jetant des coups d'œil autour de nous, au cas où elle serait en train de nous observer. *Elle dit que je ne t'apporte que des ennuis.* Sunya a pris mon bras en souriant. *Les mamans et les papas ne comprennent rien.*

Sur le chemin du retour, j'ai raconté à Sunya ce qui était arrivé à Roger. Elle a dit *Je suis désolée. C'était un chouette chat.* Elle ne l'avait jamais rencontré mais ce n'était pas grave. Roger était vraiment un chouette chat. C'était le plus chouette des chats. Tout le monde le savait. On a croisé le vieux monsieur avec la casquette plate. Fred a remué la queue et il m'a léché la main. Ça a laissé une trace de bave collante mais ce n'était pas grave. Le vieux monsieur m'a demandé *Ça va, bonhomme* en tirant sur sa pipe. La fumée avait la même odeur que la nuit de Guy Fawkes. *Comment te sens-tu.* J'ai haussé les épaules. Le vieux monsieur a répondu très sérieusement *Je comprends. J'ai perdu mon vieux chien Pip l'année dernière, et ça me fait encore mal.* Il a poursuivi, en désignant Fred, *J'ai acheté ce voyou il y a quatre mois, mais il n'est vraiment pas facile.* Fred a bondi et il a posé ses pattes sur mon ventre. Le vieux monsieur a dit *Il a l'air de t'aimer* et il s'est gratté la tête avec le bout de sa pipe, comme s'il était en train de réfléchir. *Tiens, j'ai une idée. Pourquoi est-ce que tu ne viendrais pas me donner un coup de main avec le jeune Fred. Tu peux m'aider à le promener.* J'ai caressé les oreilles grises de Fred. J'ai dit *Ce serait le truc le plus chouette de la terre* et le vieux monsieur a souri. *Bien. Bien. J'habite dans cette maison, là-bas.* Il a désigné du doigt un immeuble blanc qui se trouvait à quelques mètres de nous. Il a ajouté *Mais demande d'abord à ta maman.* J'ai répondu *Je n'ai pas vraiment de maman. Mais je vais demander à papa.* Le vieux monsieur m'a tapoté le crâne. Il a dit *Oui, demande-lui. Fred, au pied.* Fred l'a ignoré, alors j'ai attrapé ses pattes et je l'ai doucement écarté de moi. Ses pattes étaient grosses et spongieuses. Le vieux monsieur a attaché une laisse au collier de Fred et il est parti en boitillant et en agitant sa pipe pour dire au revoir. Quand on a recommencé à marcher, Sunya a dit *Je viens aussi. J'emmènerai Sammy et on vivra des tas d'aventures.*

On s'est arrêtés devant une boutique. Sunya voulait acheter quelque chose pour Roger. Elle n'avait que soixante centimes alors elle a acheté une petite fleur rouge. Quand elle a payé, j'ai vu quelque chose de marron et de duveteux sur le comptoir. J'ai sorti l'argent que grand-mère m'avait offert pour mon anniversaire.

Devant la maison, l'allée était déserte. Il n'y avait pas la voiture de papa. J'aurais dû me sentir coupable de laisser une musulmane approcher de la maison pendant qu'il était sur un chantier. Mais je ne me suis pas senti coupable. La maman de Sunya ne m'aime pas. Papa n'aime pas Sunya. Mais ce n'est pas parce que ce sont des adultes qu'ils ont forcément raison.

J'ai dit *Voilà, c'est là qu'est enterré Roger* en désignant un rectangle de terre fraîche, dans le jardin. *Juste là-dessous.* Sunya s'est agenouillée et elle a touché la tombe. *C'était un chat adorable.* Je me suis accroupi. J'ai dit *Le plus adorable de tous les chats.* Elle a tendu la main et elle a regardé la bague sur son majeur. De cette voix grave qui me donnait la chair de poule, elle a dit *Il y a quelque chose que tu ne sais pas à propos de ces bagues.* J'ai fixé la petite pierre marron et j'ai demandé *Quoi. Qu'est-ce qu'elles ont.* Sunya a jeté un coup d'œil dans le jardin pour s'assurer que personne n'écoutait, et ensuite elle a attrapé mon tee-shirt et elle m'a attiré tout près d'elle. Elle a chuchoté *Elles peuvent ressusciter des trucs.* Je n'ai rien dit mais des millions de questions se sont bousculées dans ma tête. *Mais seulement la nuit. Si on met les bagues ensemble sur la tombe de Roger, il trouvera la force de sortir de terre, d'attraper des souris et de jouer dans le jardin au moment où l'horloge sonnera ses douze coups.* J'ai commencé à sourire. J'ai demandé *Est-ce qu'il va venir me voir.* Sunya a répondu *Bien sûr. Ça fait partie de la magie. Il va sauter par ta fenêtre, il va s'allonger près de toi et il va ronronner. Il sera chaud et doux mais il disparaîtra quand tu te réveilleras. Il retournera dans son lit souterrain et il dormira toute la journée pour reprendre des forces pour sa prochaine aventure de minuit.*

Ce n'était pas vrai mais ce n'était pas grave. Je me sentais mieux. Sunya a enlevé sa bague en Patafix et elle m'a enlevé la mienne. Elle a pressé la pierre marron et la pierre blanche l'une contre l'autre pendant que je creusais un petit trou dans la tombe. Elle a embrassé les bagues et on les a laissées tomber sur la tombe. Quand on les a recouvertes d'un peu de terre et de neige nos doigts se sont touchés quatre fois. Sunya a déposé la fleur rouge au-dessus. Elle a dit *Maintenant, Roger est un chat magique*, et la douleur dans ma poitrine s'est un peu atténuée.

Quelqu'un a cogné à la fenêtre. J'ai bondi sur mes pieds et je me suis mis devant Sunya. J'avais peur que ce ne soit papa, mais c'était Jas qui était rentrée de l'école. À côté de sa tête rose, il y avait une tête vert vif. Jas m'a fait un sourire joyeux et elle a fait un coucou à Sunya qui la regardait à travers mes jambes et qui a répondu à son coucou. Jas a tiré Leo par la main et l'a attiré dans le salon. Elle l'a embrassé sur la bouche avant même qu'ils aient disparu de ma vue.

Tout d'un coup, le jardin m'a semblé trop petit. Je n'avais nulle part où regarder et mes bras m'encombraient et j'étais très conscient de la présence du corps de Sunya tout près de mes jambes. Ses mains et ses genoux étaient trempés. *Ma mère va me tuer si je rentre trop tard.*

Il s'était passé tellement de choses dans la journée que j'ai eu du mal à lui dire au revoir. Je ne voulais pas qu'elle parte. Sunya a essuyé ses doigts sur ses cuisses et elle a tendu les mains. Elle a demandé *Amis pour la vie* d'une voix un peu plus aiguë que d'habitude. J'ai répondu *Amis pour la vie.* On s'est vite serré les mains, mes paumes étaient chaudes contre les siennes. Quand on s'est lâchés, on s'est jeté un petit coup d'œil et puis on a regardé ailleurs.

Je me suis concentré sur un rouge-gorge assis sur une branche. Sa gorge était rouge, ses ailes marron et son bec était ouvert et il chantait comme s'il...

Jamie.

J'ai bondi. Sunya souriait. Sa main est montée jusqu'à sa tête. Des doigts marron ont entouré le tissu jaune.

Elle a tiré sur son hijab.

Le front.

Les cheveux.

Des cheveux raides et soyeux qui tombaient jusque sur ses épaules comme un rideau de soie noire.

Elle a timidement cligné des yeux. Je me suis approché. Elle était encore plus jolie sans son foulard. J'ai regardé Sunya vraiment attentivement, en essayant de tout intégrer. Ensuite, je me suis approché et j'ai embrassé sa tache de rousseur et c'était super excitant et super effrayant, exactement comme ce que le proviseur avait dit à propos de nos bonnes résolutions.

Sunya a haleté et elle est partie en courant, ses cheveux parfaits bruissant dans le vent. Elle a crié *On se voit demain* par-dessus son épaule en me regardant une dernière fois. J'ai eu peur de l'avoir effrayée mais elle a touché sa tache de rousseur et elle m'a fait un sourire et elle m'a soufflé un baiser en plein visage. Ses yeux pétillaient encore plus que des diamants et j'ai eu l'impression d'être le garçon le plus heureux et le plus riche de la planète.

Je suis rentré dans la maison et je me suis regardé dans le miroir. J'étais trop grand pour ce tee-shirt de Spiderman. Je l'ai arraché par la tête et je l'ai jeté par terre et j'ai détaillé mon reflet. Le superhéros avait disparu. À la place, il y avait un garçon. À la place, il y avait Jamie Matthews. J'ai pris une douche et j'ai enfilé un pyjama.

Papa est rentré à dix-huit heures. Il a fait des toasts et des haricots à la tomate. On les a mangés devant la télé et il nous a demandé comment s'était passée notre journée. J'ai dit *Bien* et Jas a dit *Pas mal.* Elle ne dira rien à propos de Sunya et je ne dirai rien à propos de Leo. C'est chouette de partager un secret. Jas n'a pris que deux bouchées de toast et papa a pris trois bières. Si les inspecteurs de l'Ofsted venaient inspecter notre famille, je sais quelle note on aurait. Satisfaisant. Pas mal, mais pas génial. Moi, ça me va.

Beaucoup plus tard, je suis allé dans la chambre de Jas. J'avais caché quelque chose derrière mon dos. Elle était en train de peindre ses ongles en noir en écoutant de la musique. Il y avait plein de guitares, des cris et des hurlements. Elle a dit *Qu'est-ce que tu veux* en secouant les mains pour les faire sécher. J'ai demandé *C'est toi qui m'as envoyé le tee-shirt.* Ses mains ont arrêté de s'agiter et elle a eu l'air inquiète. J'ai dit *C'est bon. Ça m'est égal.* Elle a soufflé sur ses doigts. *Ouais. Désolée. Je ne voulais pas que tu croies que maman avait oublié.* Je me suis assis sur son lit. *C'était un chouette cadeau.* Elle a trempé le pinceau dans la bouteille noire. Elle a demandé *Ce n'est pas grave que ce ne soit pas de maman* en peignant son auriculaire. J'ai répondu *Je l'aime encore plus maintenant que je sais qu'il est de toi. Je t'ai acheté ça.* Je lui ai tendu l'ours brun et duveteux. *Pour remplacer Burt.* J'avais arraché ses yeux, et tout.

Jas a posé le nouveau Burt sur ses genoux en prenant soin de ne pas mettre de vernis sur sa fourrure. Je me suis penché du lit pour atteindre la chaîne et j'ai arrêté la musique. J'ai dit *J'ai quelque chose à te dire. Quelque chose d'important.* Jas a caressé la fourrure de Burt. *Tu sais, la chanson que tu as chantée sur scène.* Elle a lentement hoché la tête. *C'est exactement ce que je ressens pour toi.* Jas a cligné des yeux pour chasser des larmes. Le vernis devait être vraiment fort pour faire pleurer ses yeux comme ça. J'ai chanté de travers *Ta force me donne le courage de voler* et Jas m'a donné un petit coup de coude dans les côtes. Elle a dit *Sors de ma chambre, sale petite crapule.* Mais elle souriait.

Et moi aussi.

Remerciements

Ce roman a commencé avec une idée simple et quelques gribouillages sur un bloc-notes. Sans l'aide de certaines personnes importantes, il ne serait jamais devenu ce livre que vous tenez entre les mains

Merci à Jackie Head, qui a tiré *Ma sœur vit sur la cheminée* d'une pile branlante et qui a changé ma vie, un jour, avec un coup de fil. Mille mercis à mon agent, Catherine Clarke, pour m'avoir guidée avec autant de sagesse et d'intelligence. À toute l'équipe d'Orion, merci de faire un travail aussi formidable et de faire en sorte qu'autant de gens attendent mon livre avec impatience. Un merci tout particulier à mon éditrice, Fiona Kennedy, pour avoir traité ce manuscrit avec autant de compréhension et de respect tout en tirant le meilleur de cette histoire.

Par-dessus tout, merci à ma famille et à mes amis qui étaient là avant le livre et qui seront là encore longtemps après. Je suis tout particulièrement reconnaissante à mes frère et sœurs, à ma mère et mon père et à mon merveilleux mari. Tout comme Sunya, tu fais scintiller la vie.

Annabel Pitcher,
West Yorkshire,
juillet 2010.

Cet ouvrage a été imprimé par
CPI Firmin Didot à Mesnil-sur-l'Estrée
pour le compte des Éditions Plon
76, rue Bonaparte
*Paris 6e*
en septembre 2011

La photocomposition de cet ouvrage
a été réalisée par
GRAPHIC HAINAUT
59163 Condé-sur-l'Escaut

« Loi n° 49-956 du 16 juillet 1949
sur les publications destinées à la jeunesse. »

Dépôt légal : octobre 2011
N° d'édition : 14761 – N° d'impression : 107072
Imprimé en France